Editionen für den Literaturunte~~~~~~~
Herausgegeben von Thomas K~~~~

Irmgard Keun

Das kunstseidene Mädchen

Roman

mit Materialien,
ausgewählt von Jörg Ulrich Meyer-Bothling

Ernst Klett Schulbuchverlag Leipzig
Leipzig Stuttgart Düsseldorf

Die innerhalb des Textes in Fußnoten stehenden Erläuterungen wurden vom Bearbeiter zur leichteren Erschließung des Textes hinzugefügt.

9 783123 511417

1. Auflage   1 ^{14} | 14

Alle Drucke dieser Ausgabe können im Unterricht nebeneinander benutzt werden, sie sind untereinander unverändert. Die letzte Zahl bezeichnet das Jahr dieses Druckes.

© 1992 Claassen Verlag, jetzt München.
Der Text folgt der Ausgabe des Claassen Verlages, Düsseldorf 1979, S. 5–219.

© für die Materialien: Ernst Klett Schulbuchverlag Leipzig GmbH, Leipzig 2004
Internet: www.klett.de
Alle Rechte vorbehalten.

Redaktion: Jens Kapitzky
Umschlag: Sandra Schneider, nach Entwürfen von MetaDesign, Berlin
Umschlagfoto: Juliane Köhler als Doris, Bayrisches Staatsschauspiel München 1995.
Satz: Annett Semmler
Druck: Beltz Bad Langensalza GmbH

ISBN 978-3-12-351141-7

ERSTER TEIL

Ende des Sommers und die mittlere Stadt

Das war gestern abend so um zwölf, da fühlte ich, dass etwas Groß-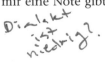
artiges in mir vorging. Ich lag im Bett – eigentlich hatte ich mir
noch die Füße waschen wollen, aber ich war zu müde wegen dem 5
Abend vorher, und ich hatte doch gleich zu Therese gesagt: »Es
kommt nichts bei raus, sich auf der Straße ansprechen zu lassen,
und man muss immerhin auf sich halten.«
Außerdem kannte ich das Programm im Kaiserhof schon. Und
dann immer weiter getrunken – und ich hatte große Not, heil 10
nach Hause zu kommen, weil es mir doch ohnehin immer schwer
fällt, nein zu sagen. Ich hab gesagt: »Bis übermorgen.« Aber ich
denke natürlich gar nicht dran. So knubbelige Finger und immer
nur Wein bestellt, der oben auf der Karte steht, und Zigaretten zu
fünf – wenn einer so schon anfängt, wie will er da aufhören? 15
Im Büro war mir dann so übel, und der Alte hat's auch nicht mehr
dick und kann einen jeden Tag entlassen. Ich bin also gleich nach
Hause gegangen gestern abend – und zu Bett ohne Füße waschen.
Hals auch nicht. Und dann lag ich so und schlief schon am ganzen
Körper, nur meine Augen waren noch auf – der Mond schien mir 20
ganz weiß auf den Kopf – ich dachte noch, das müsste sich gut
machen auf meinem schwarzen Haar, und schade, dass Hubert
mich nicht sehen kann, der doch schließlich und endlich der Einzige ist, den ich wirklich geliebt habe. Da fühlt ich wie eine Vision
Hubert um mich, und der Mond schien, und von nebenan drang 25
ein Grammophon zu mir, und da ging etwas Großartiges in mir
vor – wie auch früher manchmal – aber da doch nie so sehr. Ich
hatte ein Gefühl ein Gedicht zu machen, aber dann hätte es sich
womöglich reimen müssen, und dazu war ich zu müde. Aber ich
erkannte, dass etwas Besonderes in mir ist, was auch Hubert fand 30
und Fräulein Vogelsang von der Mittelschule, der ich einen Erl-
könig hinlegte, dass alles starr war. Und ich bin ganz verschieden
von Therese und den anderen Mädchen auf dem Büro und so, in
denen nie Großartiges vorgeht. Und dann spreche ich fast ohne
Dialekt, was viel ausmacht und mir eine Note gibt, besonders da 35

mein Vater und meine Mutter ein Dialekt sprechen, das mir geradezu beschämend ist.

Und ich denke, dass es gut ist, wenn ich alles beschreibe, weil ich ein ungewöhnlicher Mensch bin. Ich denke nicht an Tagebuch
5 – das ist lächerlich für ein Mädchen von achtzehn und auch sonst auf der Höhe. Aber ich will schreiben wie Film, denn so ist mein Leben und wird noch mehr so sein. Und ich sehe aus wie Colleen Moore[1], wenn sie Dauerwellen hätte und die Nase mehr schick ein bisschen nach oben. Und wenn ich später lese, ist alles wie Kino
10 – ich sehe mich in Bildern. Und jetzt sitze ich in meinem Zimmer im Nachthemd, das mir über meine anerkannte Schulter gerutscht ist, und alles ist erstklassig an mir – nur mein linkes Bein ist dicker als mein rechtes. Aber kaum. Es ist sehr kalt, aber im Nachthemd ist schöner – sonst würde ich den Mantel anziehn.

15 Und es wird mir eine Wohltat sein, mal für mich ohne Kommas zu schreiben und richtiges Deutsch – nicht alles so unnatürlich wie im Büro. Und für jedes Komma, was fehlt, muss ich der Hopfenstange von Rechtsanwalt – Pickel hat er auch und Haut wie meine alte gelbe Ledertasche ohne Reißverschluss – ich schäme
20 mich, sie noch in anständiger Gesellschaft zu tragen – solche Haut hat er im Gesicht. Und überhaupt halte ich von Rechtsanwälten nichts – immer happig aufs Geld und reden wie'n Entenpopo und nichts dahinter. Ich lass mir nichts anmerken, denn mein Vater ist sowieso arbeitslos, und meine Mutter ist am Theater, was auch
25 unsicher ist durch die Zeit. Aber ich war bei der Hopfenstange von Rechtsanwalt. Also – ich lege ihm die Briefe vor, und bei jedem Komma, was fehlt, schmeiß ich ihm einen sinnlichen Blick. Und den Krach seh ich kommen, denn ich hab keine Lust zu mehr. Aber vier Wochen kann ich sicher noch hinziehn, ich sag einfach
30 immer, mein Vater wäre so streng, und ich müsste abends gleich nach Haus. Aber wenn ein Mann wild wird, dann gibt es keine Entschuldigung – man kennt das. Und er wird wild mit der Zeit wegen meinen sinnlichen Blicken bei fehlenden Kommas. Dabei hat richtige Bildung mit Kommas gar nichts zu tun. Aber fällt mir
35 nicht ein mit ihm und so weiter. Denn ich sagte auch gestern zu

---

1 Colleen Moore (1902–1988): amerikanische Schauspielerin in zahlreichen Stummfilmen der 20er Jahre; vor allem wegen ihrer Frisur ein Idol ihrer Zeit

4

Therese, die auch auf dem Büro und meine Freundin ist: »Etwas Liebe muss dabei sein, wo blieben sonst die Ideale?«

Und Therese sagte, sie wäre auch ideal, weil sie so mit Seele und Schmerz mit einem Verheirateten, der nichts hat und an Scheidung nicht denkt und nach Goslar gezogen ist – und sie ist dann ganz vertrocknet und 38 geworden letzten Sonntag und sagt 30 – und 40 sieht man ihr an – und alles wegen dem Laumann. Und so ideal bin ich wieder nicht. Denn das sehe ich nicht ein.

Und habe mir ein schwarzes, dickes Heft gekauft und ausgeschnittne weiße Tauben draufgeklebt und möchte einen Anfang schreiben: Ich heiße somit Doris und bin getauft und christlich und geboren. Wir leben im Jahre 1931. Morgen schreibe ich mehr.

Ich hatte einen angenehmen Tag, weil der Letzte ist und Geldkriegen einem mit an meisten gut tut, trotzdem ich von 120 – und Therese kriegt 20 mehr – 70 abgeben muss, was mein Vater doch nur versäuft, weil er jetzt arbeitslos ist und nichts andres zu tun hat. Aber von meinen 50 Mark hatte ich mir gleich einen Hut mit Feder gekauft – dunkelgrün – das ist jetzt Modefarbe, und steht mir herrlich zu meinem erstklassigen rosa Teint. Und ist schief auf einer Seite zu tragen – kolossal fesch – und ich hatte mir bereits einen dunkelgrünen Mantel machen lassen – streng auf Taille und mit Fuchsbesatz – ein Geschenk von Käsemann, der mich durchaus beinahe heiraten wollte. Aber ich nicht. Weil ich doch auf die Dauer zu schade bin für kleine Dicke, die noch dazu Käsemann heißen. Und nach dem Fuchs hab ich Schluss gemacht. Aber ich bin jetzt komplett in Garderobe – eine große Hauptsache für ein Mädchen, das weiter will und Ehrgeiz hat.

Und nu sitz ich hier in einem Kaffee – Tasse Kaffee kann ich mir heute auf eigne Faust leisten. Die Musik spielt, was ich gern höre: Zigeunerbaron[2] oder Aida[3] – kommt ja nicht so drauf an. Neben mir ein Mann mit einem Mädchen. Er ist was Feineres – aber nicht sehr – und sie hat ein Gesicht wie eine Schildkröte und ist nicht mehr ganz jung und hat einen Busen wie ein Schwimmgürtel. Ich höre immer auf das Gespräch – so was interessiert mich immer, man kann nie wissen, ob man nicht lernt dabei. Natürlich hatte

---

2 Operette von Johann Strauß (1885)
3 Oper von Guiseppe Verdi (1869)

ich den richtigen Blick: eben kennen gelernt. Und er bestellt Zigaretten zu acht, wo er sonst bestimmt nur zu vier raucht. Das Schwein. Wenn einer welche zu acht bestellt, weiß man ja Bescheid, was für Absichten er hat. Und wenn einer wirklich solide
5 ist, raucht er zu sechs mit einer Dame, denn das ist anständig und nicht übertrieben, und der Umschwung später ist nicht so krass. Mir hat ein Alter mal welche zu zehn bestellt – was soll ich sagen, der war Sadist, und was er genau gewollt hat, ist mir peinlich niederzuschreiben. Dabei kann ich keinen kleinsten Schmerz ver-
10 tragen, und schon bei zu engen Strumpfbändern leide ich tiefste Qual. Seitdem bin ich misstrauisch.
Jetzt muss ich mich aber bass wundern: die Schildkröte isst Camembert. Nun frage ich mich – ist sie so unschuldig oder will sie nicht? Ich bin ein Mensch, der über alles nachdenken muss. Also
15 denke ich: wenn sie nicht will, dann macht sie sich durch Camembertessen sicher vor sich selbst, indem sie sich Hemmungen macht. Und ich entsinne mich, wie ich mit Arthur Grönland das erste Mal ausgehen sollte. Er war bildschön und hatte Kommant[4]. Aber ich sagte mir: Doris, sei stark – gerade so einem mit Kom-
20 mant imponiert letzten Endes was Solides, und ich brauchte eine Armbanduhr, und besser ist, es wenigstens drei Abende zu nichts kommen zu lassen. Aber ich kenne mich doch und wusste, Arthur Grönland bestellt Kupferberg nass[5] – und dabei noch Musik! Ich also an Büstenhalter und Hemd insgesamt sieben rostige Sicher-
25 heitsnadeln gesteckt. Ich war mächtig blau – wie achtzig nackte Wilde – aber die rostigen Sicherheitsnadeln vergaß ich nicht. Und Arthur Grönland drängte. Ich nur: »Mein Herr, was denken Sie sich eigentlich von mir? Ich muss doch sehr bitten. Wofür halten Sie mich in etwa?« Und ich habe ihm mächtig imponiert. Erst war
30 er natürlich wütend, aber dann sagte er mir als edel empfindender Mensch: Das gefällt ihm – ein Mädchen, das sich auch im Schwips so fest in der Hand hat. Und er achtete meine hohe Moral.
Ich sagte nur ganz schlicht: »Das ist meine Natur, Herr Grönland.«
35 Und vor der Haustür küsste er mir die Hand. Ich sagte nur: »Jetzt weiß ich schon wieder nicht, wie spät es ist – meine Uhr ist schon

---

4 eigentlich: Komment = Schneid, Anstand
5 Sekt, hier scherzhaft für »Kupferberg trocken«

so lange kaputt.« Und dachte, wenn er mir jetzt Geld geben will zum Reparieren, dann habe ich mich wieder einmal schmerzlich getäuscht.

Aber am nächsten Abend in Rix Diele kam er mit einer kleinen Goldenen. Ich staunte furchtbar: »Wie konnten Sie denn nur wissen, dass ich gerade eine Uhr brauche??? – aber Sie beleidigen mich zutiefst – ich kann sie doch nicht annehmen!«

Und er wurde ganz blass, entschuldigte sich und tat die Uhr fort. Ich zitterte schon und dachte: jetzt bist du zu weit gegangen, Doris! Dann sagte ich so mit schwimmender Stimme, so'n bisschen tränenfeucht: »Herr Grönland, ich kann es nicht übers Herz bringen, Sie zu kränken – binden Sie sie mir bitte um.«

Daraufhin dankte er mir, und ich sagte: »Oh, bitte.« Und dann bedrängte er mich wieder, aber ich blieb stark. Und vor der Haustür sagte er: »Du reines, unschuldiges Geschöpf, verzeihe mir, wenn ich aufdringlich war.«

Ich sagte: »Ich verzeihe Ihnen, Herr Grönland.«

Aber heimlich hatte ich eine furchtbare Wut auf die Sicherheitsnadeln, denn er hatte süße schwarze Augen und einen tollen Kommant, und die kleine goldene Uhr tickte mir wunderbar am Arm. Aber letzten Endes habe ich viel zu viel Moral, um einen Mann erleben zu lassen, dass ich Wäsche mit sieben rostigen Sicherheitsnadeln trage. Später habe ich sie fortgelassen.

Jetzt denke ich eben, ich könnte eventuell auch Camembert essen, wenn ich es für richtig halte, mir Hemmungen zu verschaffen. Und der Kerl drückt der Schildkröte unterm Tisch die Hand, und mich guckt er an mit Stielaugen – so sind die Männer. Und sie haben gar keine Ahnung, wie man sie mehr durchschaut als sie sich selber. Natürlich könnte ich nun – eben erzählt er von seinem wunderbaren Motorboot auf dem Rhein mit soundsoviel PS – ich schätze ihn höchstens auf besseres Faltboot. Aber ich merke genau, wie er laut redet, damit ich's höre – Kunststück! – ich mit meinem schicken, neuen Hut und dem Mantel mit Fuchs – und dass ich jetzt anfange, in mein Taubenbuch zu schreiben, macht ohne allen Zweifel einen sehr interessanten Eindruck. Aber eben hat mir das Alligator einen freundlichen Blick zugeworfen, und so was macht mich immer weich, ich denke: Du arme Schildkröte findest doch selten was, und wenn du auch heute Camembert isst

– vielleicht isst du morgen keinen. Und ich bin viel zu anständig und auf Frauenbewegung eingestellt, um dir deinen zweifelhaften Faltbootinhaber mit Glatze abspenstig zu machen. Da es eine Kleinigkeit wäre, reizt es mich ohnehin nicht, und außerdem passt Wassersportler und Mädchen mit Schwimmgürtelbusen, so schön zusammen. Und vom Tisch drüben guckt immer einer mit fabelhaft markantem Gesicht und tollem Brillanten am kleinen Finger. Ein Gesicht wie Conrad Veidt[6], wie er noch mehr auf der Höhe war. Meistens steckt hinter solchen Gesichtern nicht viel, aber es interessiert mich.

Also ich fliege und bin so aufgeregt. Bin gerade nach Hause gekommen. Neben mir steht eine Pralineschachtel – ich esse daraus, aber die mit Cremefüllung beiße ich nur an, um zu sehen, ob eventuell Nuss drin ist, sonst mag ich sie nicht – und quetsche sie dann wieder zusammen, dass sie wie neu aussehn – und morgen schenke ich sie meiner Mutter und Therese. Die Schachtel ist von dem Conrad Veidt – Armin heißt er – eigentlich hasse ich diesen Namen, weil er in der Illustrierten mal als Reklame für ein Abführmittel gebraucht wurde.

Und immer, wenn er mal vom Tisch aufstand, musste ich denken: Armin, hast du heute morgen auch Laxin[7] genommen? und musste idiotisch lachen, und er fragte: »Warum lachst du so silbern, du süßes Geschöpf?«
Und ich: »Ich lache, weil ich so glücklich bin.«
Gott sei Dank sind ja Männer viel zu eingebildet, um auf die Dauer zu glauben, man könnte sie auslachen. Und adlig wär' er! Na, so dumm bin ich nun nicht – zu glauben, dass es lebendig herumlaufende Adlige gibt. Aber ich dachte: mach ihm die Freude und sagte, ich hätt' ihm das doch gleich angesehn. Aber er hatte einen künstlerischen Einschlag, und wir hatten einen sehr anregenden Abend, wir haben ausgezeichnet getanzt und uns wirklich intelligent unterhalten. Man findet das selten. Erst sagte er allerdings, er wollte mich zum Film bringen – na, ich ging nachsichtig darüber weg. Sie können nun mal nichts dafür, die Männer. Es ist eine

---

6 Conrad Veidt (1893–1945): dt. Film- und Bühnenschauspieler, einer der Stars der Stummfilmzeit
7 Laxin: Abführmittel

Krankheit von jedem, dass sie jedem Mädchen erzählen, sie wären Generaldirektor vom Film oder hätten wenigstens unerhörte Beziehungen. Ich frage mich nur, ob es noch Mädchen gibt, die darauf reinfallen?

Aber das ist alles nicht die Hauptsache – sondern dass ich Hubert gesehen habe, wie er gerade zur Tür rausging. Und ein ganzes Jahr war er fort – ach, ich bin furchtbar müde jetzt. Und Hubert war eigentlich sehr gemein, aber trotzdem wurde ich gleich reserviert mit dem Laxinmann, der ohnehin nur auf der Durchreise war. Sicher hat Hubert mich nicht gesehen, aber mir war es wie ein Stich – so der Rücken mit schwarzem Mantel und der Kopf ein bisschen schief auf der Seite und der blonde Hals – und musste nur denken an den Ausflug in den Kuckuckswald, wo er lag – die Augen zu. Und die Sonne machte, dass der Boden summte und die Luft so zittrig – und ich setzte ihm Ameisen ins Gesicht, wie er schlief, weil ich nie müde bin mit einem Mann, in den ich verliebt bin – und setzte ihm Ameisen in die Ohren – und Huberts Gesicht war ein Gebirge mit Tälern und allem, und er schrumpfte die Nase so ulkig ein und hatte den Mund etwas halb offen – wie eine Wolke flog sein Atem raus – ich hielt einen Grashalm hin, der bewegte sich. Und er sah richtig ein bisschen blöde aus, aber für sein dummes Schlafgesicht liebte ich ihn mehr als für seine Küsse – und die waren schon sehr großartig. Und dann sagte er mir Eichhörnchen, weil ich so eine Art habe, die oberen Zähne vorzuschieben und die Lippe hoch – und tat das immer, weil er das zum Lachen fand und sich freute. Und er glaubte, ich wüsste gar nicht, wenn ich's tu und bei dem Glauben lässt man ja dann auch einen Mann.

Und bin jetzt so müde in den Knochen, dass ich am liebsten das Kleid nicht ausziehen würde – mit Gustav Mooskopf war ich mal so müde, dass ich bei ihm geschlafen habe – nur weil's so weit war bis nach Haus und er mir die Schuhe ausziehen könnte und so – und da denken die Männer immer, es wäre Liebe oder Sinnlichkeit oder beides – oder weil sie so wunderbar sind und ein kolossales Fluidum haben, vor dem man schwach wird und wild in einem – und dabei gibt es Millionen Gründe für ein Mädchen, bei einem Mann zu schlafen. Und ist alles nicht so wichtig. Und schreibe schnell noch Worte über mein Erlebnis – eigentlich nur, weil ich zu faul bin, vom Stuhl mich zu erheben – Gott sei Dank hab ich

Pumps an – die liegen jetzt schon unterm Tisch – ich müsste sie auf Leisten tun, weil Wildleder ...

Ich schreibe auf dem Büro, denn das Pickelgesicht ist aufs Gericht. Die Mädchen wundern sich und fragen, was ich schreibe. Ich sage: Briefe – da denken sie, das hat mit Liebe zu tun, und das respektieren sie. Und Therese isst meine Pralines und ist froh, dass ich wieder ein Erlebnis hatte. Sie ist so ein gutes altes Haus, und weil sie kein Schicksal mehr hat wegen ihrem Verheirateten, lebt sie sich fest an meinem Schicksal. Es macht mir furchtbar Spaß, ihr zu erzählen, weil sie eine unerhörte Art hat, sich zu verwundern – und eigentlich ist doch immer alles dasselbe – aber wenn ich ihr nicht erzählen könnte, hätte ich nicht so große Lust, fabelhafte Erlebnisse zu haben.

Ich habe mir überlegt, wo Hubert hier wohnt – ob bei seinen Verwandten, und dass es besser ist, ich sehe ihn gar nicht wieder. Denn mit sechzehn fing ich das Verhältnis an, und er war der erste und sehr schüchtern – trotzdem schon fast Ende zwanzig. Und erst wollte er nicht, aber nicht aus Edelmut und so, sondern einfach aus Feigheit, weil er dachte, das gibt Verpflichtungen, so ein ganz und gar unschuldiges Mädchen. Und das war ich. Aber natürlich glaubte er nicht, dass er einfach ein feiges Schwein war, sondern hielt sich für enorm edel und hätte alles mögliche getan außer dem einen. Ich fand nur, ein Mädchen verrückt machen ist dasselbe, wie was andres tun, und dann dachte ich, einmal muss es ja doch sein, und legte doch großen Wert auf richtige Erfahrung und war auch verliebt in ihn so mit Kopf und Mund und weiter abwärts. Und hab ihn dann richtig rumgekriegt. Aber er dachte, er hätte mich verführt, und riskierte riesiges Gerede von Gewissensbissen, aber im Grunde wollte er die haben und kam sich als kolossaler Kerl vor – und bei dem Glauben lässt man ja dann auch einen Mann. Und ein ganzes Jahr war ich mit ihm zusammen und nie mit einem andern, denn dazu hatte ich keine Lust, weil ich doch nur an Hubert denken musste. Und also war ich genau das, was man treu nennt. Aber dann hatte er seinen Doktor und war fertig studiert – Physik und so was. Und ging nach München, wo seine Eltern wohnten, da wollte er heiraten – eine aus seinen Kreisen und Tochter von einem Professor – sehr berühmt, aber nicht so wie Einstein, von dem man ja Photographien sieht in furchtbar viel

Zeitungen und sich nicht viel darunter vorstellen kann. Und ich denke immer, wenn ich sein Bild sehe mit den vergnügten Augen und den Staubwedelhaaren, wenn ich ihn im Kaffee sehen würde und hätte gerade den Mantel mit Fuchs an und todschick von vorn bis hinten, dann würde er mir auch vielleicht erzählen, er [5] wäre beim Film und hätte unerhörte Beziehungen. Und ich würde ihm ganz kühl hinwerfen: H_2O ist Wasser – das habe ich gelernt von Hubert und würde ihn damit in größtes Erstaunen versetzen. Aber ich war bei Hubert. Also ich hatte nichts dagegen, dass er eine nehmen wollte mit Pinke und so – aus Ehrgeiz und wegen [10] Weiterkommen, wofür ich immer Verständnis habe. Trotzdem mir damals olle vergammelte Ölsardinen mit Hubert auf seiner Bruchbude besser geschmeckt haben als todschickes Schnitzel toll garniert mit Käsemann in ausgesprochen feudalen Restaurants. Von mir aus hätte es auch bei Ölsardinen bleiben können. Aber [15] ich habe mich, wie gesagt, auf Huberts Ehrgeiz hin umgestellt. Da kamen denn seine großen Gemeinheiten. Erstens, dass er drei Tage vor meinem Geburtstag abhauen wollte – und es ging mir dabei nicht um ein Geschenk, denn dazu hatte er ja sowieso nichts und hatte mir als Äußerstes nur mal einen kleinen Laubfrosch ge- [20] schenkt aus Zelluloid und aus Spaß, um im Bach schwimmen zu lassen. Und ich habe ihn lange an einem grünen Samtband um den Hals getragen unter der Bluse und aus Pietismus[8], trotzdem die Pfoten sich schmerzhaft in meinen Hals drückten, wo ich ohnehin so zarte Haut habe. Was ja andrerseits auch wieder ein [25] Vorteil ist – bei Männern. Aber bei Sonnenbrand nicht. Und haute ab drei Tage vor meinem Geburtstag, ich musste das als Roheit empfinden, denn ich hatte gespart für ein Tupfenkleid und wollte es diesen Tag zuerst anziehn – natürlich doch wegen Hubert. Und saß dann allein mit meinem Tupfenen und Therese in einem Lokal [30] mit Musik. Und heulte Tränen in den Kaffee und musste mir mit echt waschledernen Handschuhen immerzu die Nase wischen, weil ich gerade kein Taschentuch da hatte und Therese ihr's voll Stockschnupfen war. Und heulte Tränen auf das neue Kleid – und hätte nur noch gefehlt, dass die Tupfen nicht waschecht waren [35] und ausgingen und zu allem andern mein lachsfarbenes Kombination mit verfärbte. Aber das wenigstens passierte nicht. Das war die

---

8 für Pietät = (religiöse) Ehrfurcht

11

eine Gemeinheit, und die andere bestand darin, dass er mir alles
auf moralische Weise eröffnete. Wir saßen in einem Lokal, fängt
er mir auf einmal von seiner Münchner Spinatwachtel an. Ich
nicke nur und arbeite innerlich an meiner Umstellung und denke:
5 Schließlich hat er seine Gründe, aber lieben tut er nur dich.
Legt er auf einmal los – ganz rot und verlegen, weil ihn irgendwo
sein Gewissen zwackte, und das machte ihn feindlich gegen mich:
»Wenn ein Mann heiratet, will er eine unberührte Frau, und ich
hoffe, meine kleine Doris ...«, und sprach so gesalbt, als wenn er
10 eine ganze Dose Niveacreme aufgeleckt hätte: »Mein gutes Kind,
ich hoffe, dass ein anständiges Mädchen aus dir wird, und als
Mann rate ich dir, dich keinem Mann hinzugeben, bevor du verheiratet bist mit ihm ...«
Was er noch sagen wollte, weiß ich nicht, denn es kam über mich,
15 als er sich so aufspielte mit öliger Stimme und großer Moral und
erschauerte vor sich selbst und hatte eine gequollene Haltung mit
Brust raus und Schultern nach hinten gekugelt wie ein oberster
General auf der Kanzel. Und das mir! – von einem, den ich nahezu
dreihundertmal in Unterhosen gesehen habe und noch weniger
20 an – mit einer Sommersprosse auf dem Bauch und Haare an den X-
Beinen! Und hätte mir sagen können als guter Freund, dass er eine
will mit Geld und darum mich nicht. Aber triefen vor Rührung
über seine Fabelhaftigkeit, weil er mich nicht zu arm, sondern
nicht anständig genug findet, weil ich mit ihm ... also bei so was
25 kann ich nicht mit, da setzt mein Verstand aus und es überkommt
mich. Ich kann das nicht so erklären, was mir so Wut machte,
jedenfalls langte ich ihm eine ganz offiziell, was ich meistens nur
selten tue, und das knallte so, dass der Ober dachte, ich hätte ihm
ein Zeichen zum Zahlen geben wollen.

30 Jetzt sitze ich hier in einem Lokal und habe furchtbar viel Leber-
wurst gegessen, trotzdem jeder Bissen mir im Hals würgte, aber ist
dann doch runtergegangen, und hoffentlich schadet es mir nicht
auf die entsetzliche Aufregung. Denn ich bin aus meiner Stellung
entlassen und zittre in den Gliedern. Und nach Hause gehn habe
35 ich geradezu Angst, ich kenne meinen Vater als ausgesprochen
unangenehmen Mensch ohne Humor, wenn er zu Hause ist. Man
kennt das – dass Männer, die am Stammtisch und in der Wirtschaft

italienische Sonne markieren und immer die Schnauze vorneweg und alles unterhalten – dass die zu Haus in der Familie so sauer sind, dass man sie am Morgen nach einer versoffenen Nacht nur ansehn braucht und spart einen Rollmops.

Und alles kam so: Ich hatte zu wenig Briefe geschrieben wegen an Hubert denken und musste auf einmal mit Dampf loslegen, um noch was fertig zu kriegen – natürlich weit und breit kein Komma in den Briefen, was aber ein System von mir ist: denn lieber gar keine Kommas als falsche, weil welche reinstricheln unauffälliger geht als falsche fortmachen. Und hatte auch sonst Fehler in den Briefen und dunkle Ahnungen daraufhin. Und guck schon gleich beim Reinbringen wie Marlene Dietrich so mit Klappaugen-Marke: husch ins Bett. Und das Pickelgesicht sagt, alle könnten gehn, nur ich sollt noch bleiben und Briefe neu schreiben, was mich anekelt und wozu ich nie Lust habe, denn es waren Akten mit furchtbarem Quatsch von Blasewitz, dem ein Zahnarzt eine Goldkrone rausgemurkst hatte und richtig gestohlen und dann auf der Rechnung nochmal angerechnet – kein Schwein wird draus klug, und wochenlang schreib ich schon von Blasewitz seine Backzähne, was einem eines Tages auf die Nerven geht. Und geh zum Pickelgesicht ins Büro – alle sind fort – nur er und ich sind noch da. Und er sieht meine Briefe durch und macht Kommas mit Tinte – ich denke: was bleibt dir übrig! und lehne mich aus Versehen leicht an ihn. Und malt immer mehr Kommas und streicht und verbessert, und will auf einmal bei einem Brief sagen: Der muss noch mal geschrieben werden. Aber bei »noch mal« gebe ich mit meinem Busen einen Druck gegen seine Schulter, und wie er aufguckt, zittre ich noch für alle Fälle wild mit den Nasenflügeln, weil ich doch fort wollte und nichts mehr von Blasewitz seine Backzähne schreiben und von der Frau Grumpel ihre Raten für das stinkige Milchlädchen auch nicht. Und musste das Pickelgesicht darum ablenken und machte ein Nasenflügelbeben wie ein belgisches Riesenkaninchen beim Kohlfressen. Und will gerade sinnlich hauchen, dass ich so müde bin und mein armer alter Vater mit Rheumatismus wartet, dass ich ihm »Das Glück auf der Schwelle« vorlese – will ich gerade sagen, da passiert es, und ich merke zu spät, dass ich mit meinen Nasenflügeln zu weit gegangen bin. Springt doch der Kerl auf und umklammert mich und atmet wie eine Lokomotive kurz vor der

Abfahrt. Ich sage nur: aber – und versuche, seine widerlichen langen Knochenfinger von mir loszumachen, und war wirklich verwirrt, denn ich hatte mit dem allen doch erst vier Wochen später gerechnet und sehe wieder, dass man nie auslernt. Und er sagt:
5 »Kind, verstell dich doch nicht, ich weiß doch seit lange, wie es mit dir steht und wie dein Blut nach mir drängt.«

Also ich kann nur sagen, ich wunderte mich von neuem, wie ein Mann, der doch studiert hat und schlau wird aus Blasewitz seine Backzähne, derartig dumm sein kann. Und Hubert war schuld und
10 mein leerer Magen und alles so plötzlich und die Pickel und dass er einen Mund machte wie ein Kletterfisch – war alles schuld, dass ich die Situation verlor. Und flüsterte so albernes Zeug – so das übliche – und will zu dem kalten Ledersofa mit mir – und noch nicht mal zu Abend gegessen und womöglich hinterher doch noch die
15 Briefe neu schreiben – zutrauen kann man so einem Rechtsanwalt alles – also das war mir zu dumm. Ich sag nur ganz ruhig: »Wie können Sie mein Kleid so zerknautschen, wo ich ohnehin nichts anzuziehen habe!« Und das war ein Wink und eine Prüfung, und von seiner Antwort hing es ab, ob ich ihn sanft und anständig
20 abweisen würde oder gemein werden. Natürlich kam, was ich erwartet hatte: »Kind, wie kannst du jetzt an so was denken, und nackt ohne Kleider bist du mir am liebsten.«

Da blieb mir glatt der Verstand stehen. Ich trete ihn gegens Schienbein von wegen Loslassen und frage: »Nun sagen Sie mal, Sie blöd-
25 sinniger Rechtsanwalt, was denken Sie sich eigentlich? Wie kann ein Studierter wie Sie so schafsdämlich sein und glauben, ein junges hübsches Mädchen wäre wild auf ihn. Haben Sie noch nie in den Spiegel gesehn? Ich frage Sie nur, was für Reize haben Sie?«
Es wäre mir interessant gewesen, eine logische Antwort zu kriegen,
30 denn ein Mann muss doch schließlich was denken. Sagt er nur statt dessen: »Also so eine bist du!«

Und zieht das »so« wie ein Gummi-Arabicum[9]. Ich nur: »So oder nicht so – es ist mir ein Naturereignis, zu sehen, wie Sie blau anlaufen vor Wut, und ich hätte nie gedacht, dass Sie noch mieser
35 werden könnten, als Sie ohnehin schon sind – und haben eine Frau, was sich die Haare gelb färbt wie ein hartgekochtes Eidotter und für viel Geld Kosmetik macht und in einem Auto rumsaust

---

9 aus der Rinde von Akazienarten gewonnener, wasserlöslicher Klebstoff

und nichts tut den ganzen Tag an solider Arbeit – und ich soll mit Ihnen für nichts und wieder nichts – nur aus Liebe – –« Und hau ihm den Brief mit Blasewitz Backzähnen in seine Pickel, denn wo nun schon alles verdorben war, wollte ich auch meinem Temperament mal ganz freie Bahn lassen. Natürlich kündigte er mir zum nächsten Ersten. Ich sag nur: »Ich hab's auch satt bei Ihnen, und geben Sie mir noch ein Monatsgehalt, dann komme ich morgen schon nicht mehr wieder.«

Und ging kess mit Drohungen vor – dass die Männer bei Gericht nur seine miese Visage sehen brauchen und mir sofort glauben, dass ich nie sinnliche Blicke geworfen habe, und mir vollkommen Recht geben würden – und ob es ihm lieb wäre, wenn ich morgen den Mädchen hier alles erzähle, wo er noch dazu so unanständige Worte gebraucht hat wie nackt und mein Blut drängte – und wenn mich was furchtbar aufgeregt hat, muss ich es leider erzählen. Und jetzt sitze ich hier mit 120 und überlege mir eine neue Existenz und warte auf Therese, der ich telefoniert habe, damit sie mich tröstet und beruhigt, denn schließlich habe ich eine Sensation durchgemacht.

Ich habe meiner Mutter alles erzählt, aber nur gesagt von 60 Mark und davon 20 für mich behalten und also im ganzen 80, denn man muss Geld schätzen, und wer arbeitet, lernt das. Und ich muss meine Mutter anerkennen als feines Weib, sie hat immer noch so was Gewisses von früher her, wenn sie auch heute Garderobiere im Schauspielhaus ist. Und sie ist wohl ein bisschen dick, aber nicht schlimm und hat die Hüte so etwas altmodisch oben auf dem Kopf – so wie's Tüpfchen auf dem i – aber momentan wird das ja wieder modern. Jedenfalls hat sie eine Haltung in den Schultern wie eine wirklich teure Dame, und das kommt, weil sie früher ein Leben gehabt hat. Leider hat sie meinen Vater geheiratet, was ich für einen Fehler halte, denn er ist ein vollkommen ungebildeter Mensch und faul wie eine jahrelange Leiche und brüllt nur manchmal von wegen männliches Organ zeigen – man kennt das. Nur außer dem Haus gibt er sich ein Benehmen mit elegantem Armgeschwenke und Augenbrauengeziehe und Schweißwischen – besonders bei jeder Frau, die über zwei Zentner wiegt und nicht mit ihm verheiratet ist.

Also ich halte nichts von dem Mann und hab nur mächtig Angst, weil meine Nerven es nicht vertragen, wenn er donnert – und wenn er mir von Moral spricht, kann ich nichts Richtiges gegen ihn unternehmen, weil er mein Vater ist. Und fragte nur mal meine Mutter, warum sie als Klassefrau diesen Popel genommen hat, und sagte sie nur, statt mir eine zu langen: Irgendwo muss man doch einmal hingehören. Und sagte das ganz ruhig – trotzdem hätte ich beinah geweint, und ich weiß nicht warum, aber ich habe das verstanden, und seitdem habe ich nie mehr zu ihr über das olle Rauhbein geschimpft.

Ich möchte doch gern Hubert mal wieder sehn. Und ich fühle, wie sich große Dinge für mich vorbereiten. Aber jetzt sitze ich noch mit 80 Mark und ohne neue Existenz und frage mich nur, wo ist nun ein Mann für meine Notlage. Die Zeiten sind furchtbar, keiner hat Geld, und es herrscht ein unsittliches Fluidum – denkt man bei einem, den kannst du anpumpen – pumpt er einen im Augenblick schon selber an.

Und Therese riet mir zu Jonny Klotz, den wir kennen lernten in der Palastdiele – und riet das, weil er ein Auto hat – nicht ganz große Klasse aber immerhin. Ich sagte nur: Du hast keinen Blick für Männer und heutige Zeit, Therese – was heißt Mann mit Auto, wo es doch nicht bezahlt ist? Wer heutzutage Geld hat, leistet sich Straßenbahn, und 25 Pfennig bar sind ein solideres Zeichen als Auto und Benzin auf Pump. Therese sah das ein, weil sie mich in diesen Dingen hoch anerkennt. Und ich überlege rauf und runter, wie ich wieder eine Grundlage bekomme, denn nur allein auf Männer angewiesen sein, geht leicht schief. Wenn es nicht eine ganz große Nummer ist – aber so was ist schwer in diesem Drecknest zu finden. Jedenfalls kann mir Jonny Klotz heute abend den neuen Tango beibringen, damit ich in jeder Beziehung auf der Höhe bleibe. Ich bin ganz kribbelig – den ganzen Tag ohne was zu tun und habe Hunger auf Dunkelwerden – und habe in meinen Ohren immer die Melodie: Ich hab dich lieb, braune Madonna – in deinen Augen glüht der Sonnenschein ... Und der Geiger in der Palastdiele singt wie sanftes Mehl – Gott mir wird so – – und muss so eine Nacht mit Musik und Lichtern und Tanzen und so ganz auffressen, bis ich nicht mehr kann – als wenn ich am Morgen sterben müsste und bekäme dann nie mehr was. Ich möchte

16

ein Kleid haben aus blassrosa Tüll mit silbernen Spitzen und einer dunkelroten Rose an der Schulter – ich werde versuchen, dass ich eine Stelle kriege als Mannequin, ich bin ein Gelbstern – und silberne Schuhe – … ja so ein Tangomärchen … was es doch für wunderbare Musik gibt – wenn man betrunken ist, ist sie wie eine Rutschbahn, auf der man heruntersaust. 5

Es hat sich Einschneidendes begeben, denn ich bin jetzt Künstlerin. Es hat damit angefangen, dass meine Mutter mit der Buschmann sprach, die Garderobenfrau bei den Schauspielerinnen ist, und die sprach wieder mit der Frau Baumann, die alte und 10 komische Rollen spielt – so alte meschuggene[10] Damen, die noch wollen, die aber keiner mehr will, und darüber, wie sie sich so anstellt, lachen dann die Leute, aber eigentlich ist da gar nichts zu lachen. Und die hat mit einem gesprochen, der die Stücke lenkt und Regisseur heißt und Klinkfeld. Und Klinkfeld hat mit einem 15 gesprochen, der tiefer ist als er und unter ihm die Stücke lenkt und Inspizient heißt und Bloch und hat einen Bauch wie eine Schlummerrolle – ob was drauf gestickt ist, weiß ich nicht – und tut immer wahnsinnig aufgeregt und so, als wenn ihm das Theater gehörte und alles, und rennt immer mit einem Buch und sagt schweini- 20 sche Sachen, und man weiß nicht, ob das in dem Buch steht oder aus ihm selbst kommt. Und Bloch hat mit dem Logenschließer gesprochen, der immer vor der Loge vom Direktor steht, von wo aus man vom Parkett zur Bühne kann, was aber verboten ist und der Logenmann aufpasst mit kolossaler Haltung, damit keiner die Ku- 25 lissen stiehlt. Und der hat wieder mit meiner Mutter gesprochen, und jetzt mache ich Statisterie. Und ich muss in einem Stück, das Wallensteins Lager[11] heißt, über die Bühne laufen und mit einem Krug und mit noch anderen Mädchen – ganz wilder Betrieb – aber vorläufig ist das alles noch Probe, und die Aufführung ist erst am 30 12. Bis dahin muss alles noch wilder geworden sein. Und keiner spricht mit mir, weil sich alle für was Besonderes halten.
Die Mädchen bestehen aus zwei Hälften – und die einen sind vom Konservatorium[12] und machen nur so für Geld mit und kommen

---

10 berlinerisch für »verrückt«
11 Vorspiel zu F. Schillers Drama »Wallenstein«
12 Musikhochschule oder allgemeine Kunsthochschule

sich sehr kolossal vor – und die anderen sind von der Schauspielschule, die kriegen kein Geld, sondern zahlen nur – und kommen
sich dafür noch kolossaler vor. Genau so ist es mit den Jungens, die
auch Statisterie machen. Und haben alle ein Getue, wie ich es in
5 meinem ganzen Leben noch nicht gesehen habe, und behandeln
mich mit gemeiner Verachtung, was sich aber noch an ihnen rä-
chen wird. Und die fertigen Schauspieler verachten wieder die von
der Schule und lassen es sich anmerken. Gegenseitig verachten sie
sich auch, aber das lassen sie sich dann nicht so anmerken – und
10 überhaupt ist alles eine allgemeine Verachterei, nur sich selbst findet jeder wunderbar. Und nur die Hausmeister sind wie normale
Menschen und grüßen wieder, wenn man Guten Tag sagt.

Unten ist ein kleines Zimmer, da sitzen die Schauspieler, wenn sie
gerade nicht auf der Bühne sein brauchen, und alles ist furchtbar
15 voll Rauch und Qualm und stinkig. Und jeder spricht mit so getönter Stimme und hört sich zu, weil kein anderer ihm zuhört. Nur
bei Witzen hören sie zu, weil das was ist, das sie dann gleich selber
mit getönter Stimme weitererzählen können. Und sie laufen auch
viel auf und ab, so mit machtvoll bewegten Oberschenkeln, und
20 bleiben stehn und starren auf ein Papier in Rahmen, das Probezet-
tel heißt. Und dann wippen sie mit den Fußsohlen und summen
interessant – und das alles, trotzdem niemand ihnen zusieht. Nur
manchmal, wenn außenstehende Leute reinkommen und was
fragen beim Portier, die gucken dann aufgeregt und atmen etwas
25 gelähmt. Und die niedrigeren Schauspieler pumpen sich untereinander um Zigaretten an, und manchmal geben sie sich auch
gegenseitig welche.

Dann kommt jeden Morgen von der Straße der Direktor – das ist
ein sehr feierlicher Moment. An der Art, wie er mit ganz schnellem
30 Ruck die Tür aufreißt, merkt man, dass er das Theater beherrscht.
Und weil er was Großes ist und auf sich hält, ist er fast immer
schlecht gelaunt und hat einen gekniffenen Mund. Und ist sonst
wabbelig dick und hat grüne Haut und heißt Leo Olmütz. Und
steckt nur ganz schnell seinen Kopf in das Portierfenster und so-
35 fort wieder zurück – warum weiß ich nicht –, aber es macht sich
gut. Und geht dann so mit ganz harten Sohlen durch den Flur
in sein Büro. Die Mädchen von der Schule machen sich auffällig,
wenn sie ihm mit Absicht zufällig begegnen. Und heute hat er zu

18

zweien gesagt: Guten Tag, Kinder – na, so vergnügt heute? Das war eine Sensation, und sie haben bis mittags darüber gesprochen. Die dicke Blonde, die vor Fett quietscht und im Gesicht immer so rot ist wie eine Tomate und Linni heißt, behauptete, er hätte sie so mit einem Blick angesehn. Und die andere, so mit schwarzem 5 Pagenkopf und ganz ordinärer Matratzenschnauze und Pilli heißt, sagt: nein. Und noch andere kamen dazu, und alle zankten sich nachher, ob er »na« oder nicht »na« gesagt hat. Und sie bildeten alle eine Klicke und warfen verächtliche Blicke auf mich, weil ich nicht hören sollte, was sie flüsterten – und saß dicht neben ihnen 10 auf dem Tisch in dem, was sich Konversationszimmer nennt.

Und sage auf einmal ganz ruhig: »Ich kann Leo ja heute abend mal fragen, ob er ›na‹ gesagt hat!«

Alle starren mich an. Ich merke gleich, dass ich auf dem richtigen Weg bin, mir Achtung zu verschaffen. 15

Das dürre Gestell von Pilli fragt nur: »Kennen Sie ihn denn?«

Ich: »Wen? Leo? Ja natürlich, er hat doch meine Ausbildung persönlich in der Hand und will nur nicht, dass ich darüber spreche und soll mich auch sonst von allem hier fernhalten.«

Und schrumpfe hochmütig die Nase und werfe einen träumeri- 20 schen Blick durch das obere Fenster. Daraufhin sind sie um mich wie die Ohrwürmer, und das fette Stück Linni lädt mich gleich nach der Probe ein, Kaffee trinken. Ich esse in Ruhe fünf Schnecken und denke, lass sie man bezahlen, und gewinne durch sie Einblicke in den Betrieb. Natürlich vermeide ich von Leo zu reden, 25 weil ich doch keine Ahnung habe von ihm, und lenke ab, wenn sie fragt, und gebe auch gar nichts zu. Nachher gehen wir über die Straße – ich fühle mit feinem Empfinden gleich wieder, dass sie zweifelt – und bleibe vor einem Seidengeschäft stehen, werfe eine Handbewegung hinein und sage so mit leichter Stimme: »Aus 30 diesem entzückenden Stoff hat sich Leo neulich drei Pyjamas machen lassen.«

Darauf Linni voll Ehrfurcht: »Aus dem Crêpe de Chine[13] mit Rosenmuster?«

Ich hatte nicht gesehn, dass ich auf Rosenmuster gezeigt hatte 35 – nun konnte ich nur nicken und entsetzlichen Husten markie-

---

13 Gewebe aus Natur- oder Kunstseide mit feinnarbiger Oberfläche (vgl. Romantitel)

ren, weil es mich erstickte vor Lachen, mir den Fettling mit dem gekniffenen Mund und den bedeutenden harten Schritten in Pyjamas aus weißem Crêpe de Chine mit Rosenmuster vorzustellen. Und dachte, ich müsste doch wohl erklären, und sagte, wie ich
5 wieder konnte: »Ja, das hat er mir zuliebe getan, ich hatte ihn so gebeten, denn ich schwärme für diesen Stoff, und es macht sich stimmungsvoll bei Beleuchtung zu seinem schwarzen Haar.«
Dabei hat er nur noch ganz hinten am Kopf welches. Dann habe ich sie schwören lassen, dass sie von diesen ganzen Geheimnissen
10 niemand etwas sagt. Und jetzt ist mir etwas Angst, denn wie stehe ich da, wenn etwas rauskommt – und eigentlich habe ich das Theater schon satt.
Es ist etwas Hohes mit der Kunst, ich leide um sie und hatte auch schon einen Erfolg heute. Also ich hatte doch raus, dass die von
15 der Schauspielschule mehr sind als die nur so mitmachen. Und da ich nun mal dabei bin, dachte ich: bei den Tiefsten bleibe ich nicht. Und je mehr einer zu sagen hat auf der Bühne, um so mehr ist er, es kommt alles darauf an, auf dem Zettel zu stehn, und dazu muss man was sprechen. Und es war die furchtbarste Aufregung
20 um einen Satz in dem Stück, was Wallensteins Lager heißt. Und da ist eine Alte, die mit den vielen Soldaten schläft. Das wird nicht gesagt, aber man kann es herausmerken. Und sie verkauft auch in einem zu essen an die Soldaten, aber ich denke mir, davon allein kann sie nicht leben, wo noch dazu ein Krieg war von 30 Jahren.
25 Und diese Alte hat eine Verwandte, die jung ist und natürlich auch mit den Soldaten schläft, denn was soll sie sonst tun. Und heißt Marketenderin[14], was ein Fremdwort ist – ich hätte die Mädchen gern deswegen gefragt. Aber trotz Leo hatte ich eine Hemmung, meine Unkenntnis zu zeigen, was man ja auch nie soll. Denn
30 dann wird man nur unterdrückt. Und weil die zwei Weiber, die Marketenderin heißen, doch so ein Odeur[15] haben, denke ich mir – es kommt von Marke. Und Tender ist doch was mit Zügen – also herumziehende Marke. Und so sehe ich wieder, dass man mit ein bisschen Nachdenken sich vieles selber erklären kann und
35 gar nicht fragen braucht. Und die junge Marke läuft herum und schenkt ein und sitzt in einem Zelt, was aber jetzt noch nicht da

---

14 eine die Feldtruppe begleitende Händlerin
15 wohlriechender Duft

ist – erst auf der Hauptprobe. Und sie kommt dann einmal raus aus dem Zelt und ruft: Base, sie wollen fort! Womit natürlich wieder Soldaten gemeint sind. Und muss das sehr aufgeregt rufen, was ich aber nicht verstehe, denn es bleibt noch genug Militär da, und da kommt es doch auf ein paar weniger auch nicht an – gerade bei Soldaten, die ja doch alle egal sind. Und erst sollte die junge Marke von Klinkfeld gestrichen werden, weil sie nur vom Militär ablenkt, aber jetzt hat er sich umbesonnen, und sie soll einen Satz schreien. Und um diesen Satz war eine Aufregung wie bei Hungersnot um ein Brot. Oder noch mehr.

Weil es nur ein Satz war, waren die fertigen Schauspielerinnen nicht scharf drauf, und eine von der Schule sollte ihn bekommen. Und das sind sieben Mädchen, im Oktober, wenn eine neue Prüfung für Schülerinnen ist, kommen noch neue dazu. Alle müssen zwei Jahr lernen. Was da so viel zu lernen ist, ist mir unklar, aber ich will mich vorläufig raushalten mit meinem Urteil und still sein, denn ich bin jetzt auch bei der Schule und habe auch einen Erfolg.

Also es ging um den Satz. Das fette Stück Linni setzte mir zu, ich sollte bei Leo machen, dass sie den Satz kriegte. Das war mir nun wieder peinlich, und es blieb mir nichts übrig als zu sagen: »Linni, du kannst dir denken, dass Leo nach seiner aufreibenden Arbeit es satt hat, nachts von Sätzen zu hören – und dann ist er auch so leidenschaftlich, dass er an nichts denken kann.«

Wollte sie Näheres von Leos erotischer Art wissen. Da kann man mal sehen, wie so Mädchen von der Kunst sind – ebenso wie die vom Büro und alle andern. Immer wollen sie was Genaues wissen. Dabei können sie doch eigne Erfahrungen machen. Mir hängt das Gefrage nach Leo schon zum Hals raus. Wenn ich ihn sehe im Flur oder sonst, kriege ich jedes Mal einen Schreck in den Bauch, und mir wird übel und schwach.

Und ich sagte zu Linni nur: »Leo hat es nicht gern, wenn man über seine Erotik spricht.«

Und Pilli, die gequetschte Latte, lauerte ewig vor dem Büro von den Regisseuren rum, um Klinkfeld anzukeilen, was ich gleich raushatte. Und alle Mädchen kriegten Krach und vertrugen sich und kriegten wieder Krach – also die Sorgen möcht ich haben. Und Manna Rapallo, ein kleiner, runder Knopf, fing von heute auf morgen ein Verhältnis mit dem Bloch an, der Inspizient heißt und immer mit einem dicken Bauch und einem Buch rumrennt, damit er macht, dass sie den Satz kriegt. Aber das Interessanteste ist, dass es Mädchen von der höheren Schule sind, und die sind wild auf den Satz von einer Marke und deutlich aus dem Proletariat. Und daran kann man doch sehn, dass Theater mit dem Leben gar nichts zu tun hat.

Und nun sagte Klinkfeld heute auf der Probe: »Ach, wir haben ja noch den Satz.«

Und hat sonst eine hastige Stimme und hüpft wie ein Känguru mit langen Beinen im Parkett – aber das sagte er nur nebenbei und fegte sich aus Überfluss ordnend mit der Hand über den Kopf, was immer gerade Männer tun, die kein Haar haben und darum gar keins ordnen können. Und sie machen dann ein schlecht gelauntes Gesicht, weil sie die unangenehme Entdeckung hatten, dass es glatt und kahl ist auf ihrem Kopf. So war es auch bei Käsemann, und ich konnte es ihm nicht abgewöhnen.

Und wie Klinkfeld mit dem Satz anfing, klopften alle Mädchen als ein Herz – nur ich nicht. Und alle mussten ihn sagen, und der Bloch mit dem Bauch schob den kleinen Knopf Manna Rapallo vor und sagte laut, so als Gegenleistung, weil sie mit ihm –: »Sie hat noch nie einen Satz gehabt, die andern alle schon mal.«

Und da musste sie auch den Satz sprechen, aber leider war ihr das Erlebnis mit dem dicken Bauch auf die Stimme geschlagen, und sie piepste heiser wie eine unterernährte Nebelkrähe. Und dann bekam den Satz Mila von Trapper. Man denke sich eine echt Adlige mit früherem General als Vater als proletarische Marke. Also ich kann nur sagen, es ist furchtbar interessant beim Theater. Mila von Trapper hat chinesische Augen und großartige Figur – muss man ihr lassen.

Aber sie behandelte mich mit einer Gemeinheit, die ohne Beschreibung ist, weil sie erst später zu den Proben kam und noch nichts wusste von Leo und mir. Sie ist sehr stolz, denn sie ist ein großes Talent, was etwas ist, das hier Ungeheures bedeutet. Und kein Talent haben ist schlimmer als im Zuchthaus zu sein. Und einmal hat Mila von Trapper im Konversationszimmer Talent gemacht, alle waren nach Haus – nur die Mädchen von der Schule noch da, die am liebsten im Theater übernachten würden. Alle saßen auf Tisch und Fensterbrett mit sehr ernster Stirn und bedeutsamem

Mund, und das stolze Trapper machte Talent und schrie. Bisschen unanständig – was mit Holofernes[16] und dass sie ihm keinen Sohn gebären wollte, was auch keiner von ihr verlangt hat – na, eben was in so schwierigen Theaterstücken vorkommt. Und rutschte auf dem Boden und wand sich wie Tante Klärchen, wenn ihre Gallensteine losgehen – und schrie. Ich fand es nicht schön, aber ich muss sagen, so laut könnte ich's nicht. Und sie machte vor, wie sie einem den Kopf abhaute so mit einer Art die Arme zu schwenken, als wenn der Kopf sehr schwer abginge – ich fand das ein bisschen roh – und brüllte und taumelte dann im Wahnsinn. Sehr schaurig. Und das Ganze nennt man Ausbruch. Und alle sagten: fabelhaft, und es wäre eine Vorsprechsache.

Und weil ich doch nichts Fachmännisches zu sagen wusste und sie sich doch so furchtbar angestrengt hatte und richtig schnaufte, wollte ich auch etwas Freundliches von mir geben und sagte, wie sie mir fragende Blicke warf: »Nehmen Sie sich jetzt nur vor Zugluft in acht, denn Sie haben sich enorm heiß geschrien und man weiß, wie die Grippe grassiert.«

Zieht die doch ihre Mundwinkel bis zur Erde, dass es mich kalt überläuft, und sagt: »Das Kunststück hat Ihnen wohl keinen Eindruck gemacht, und vielleicht wissen Sie noch nicht mal, von wem Judith ist – möglich ist ja alles.«

Natürlich ist es möglich, denn wie sollte ich wissen, wer Judith ist, vielleicht heißt das Stück so, das sie gebrüllt hat. Ich war eine kurze Zeit in einer ganz traurigen Wolke, denn immerzu sind in meinem Leben Dinge, die ich nicht weiß, und immer muss ich tun als ob und bin manchmal richtig müde vor lauter Aufpassen, und immer soll ich mich schämen müssen, wenn Worte und so Sachen sind, die ich nicht kenne, und nie sind Leute gut und so, dass ich Mut hätte zu ihnen, um zu sagen: ich weiß ja, dass ich dumm bin, aber ich habe ein Gedächtnis, und wenn man mir was erklärt, gebe ich mir Mühe, es zu behalten.

Und ohne dass ich wollte, sprach es aus meinem Mund: »Nein, ich weiß es nicht.« Denn ich habe Augenblicke, da habe ich einen Hunger, nichts zu lügen. Aber das rächt sich natürlich.

---

16 Heerführer des babylonischen Königs Nebukadnezar, wurde bei der Belagerung von Bet-El von der schönen jüdischen Witwe Judith im Schlafe enthauptet, nachdem sie ihn mit einer Liebesnacht gelockt hatte; hier Bezug auf das Drama »Judith« von F. Hebbel

Das Trapper sagte: »Leider wird die Kunst immer mehr proletarisiert.« Und an ihrem hochgezogenen Hals konnte ich sehen, dass sie etwas Gemeines gegen mich meinte.

Aber da nahm Linni sie beiseite und klärte sie auf wegen Leo und
5 mir, da wurde sie auch gleich zuckrig zu mir. Aber ich hatte eine Wut wegen meiner Schwäche, denn wie komme ich damit durch die Welt wie ich will.

Und nun bekam gestern das Trapper den Satz, weil sie ein Talent mit Ausbruch ist. Aber ich hasste sie – und warum war sie so ge-
10 mein. Jetzt hat sie ausgebrochen.

Heute morgen seh ich das Trapper in die erste Etage stöckeln, es war kurz bevor sie dran kam – ich hinter ihr her. Sie verschwindet in die Toilette – also der liebe Gott hat's gut mit mir gemeint – außen steckte der Schlüssel! Ich drehe ihn um – ganz leise – und
15 hau wieder ab, gesehen hat mich keiner. Da kann sie toben. Es ist ein großer Zufall, wenn einer die Treppe rauf kommt, denn unten ist noch eine Toilette, da gehn alle hin – nur das adlige Trapper muss was Besondres haben. Nun hat sie's.

Darauf wurde der Satz nicht gesprochen, und Klinkfeld geriet
20 schon in Wut wegen Aufenthalt der Probe. Darauf stürze ich aus dem Zelt, das aber noch nicht da ist – ich hatte mein außerordentlich raffiniertes feuerrotes Kleid an, ganz eng – und schrie: »Base, sie wollen fort.«

Und da mir wirklich angstvoll zu Mut war, bekam meine Stimme
25 ganz schweren Kummer um das Militär, das abzog.

Fährt sich der Klinkfeld ohne sich Haare ordnen zu können über die Glatze und fragt: »Wer sind Sie?« Und ich sage es ihm. Schimpft er auf die echt Adlige, weil sie nicht da ist und sagt: »Sie können den Satz sprechen.«

30 Und die Mädchen hassten mich alle und waren darum voll Ehrfurcht. Nach der Probe geh ich unten vorm Büro auf und ab und hör das Trapper ganz von weitem gegen die Klosetttür hämmern. Aber das nützt ihr nichts, denn das fiel keinem auf, weil Arbeiter darüber Kulissen nagelten und furchtbares Getobe machten, wo-
35 gegen das Adlige mit dem Ausbruch nicht anstinken konnte. Und ich sause auf Klinkfeld los, wie er kommt, und lasse mir schwören als Ehrenmann und Lenker von Stücken, dass ich den Satz behalte, trotzdem ich nicht auf der Schule bin. Spricht er fragende Worte

24

mit mir voll Interesse von oben nach unten und ohne Erotik, was ich mir aber zum Teil auch damit erkläre, dass Mittag war und er noch nicht gegessen hatte. Fordert er mich ins Büro auf und bietet mir einen Sessel und hatte selbst nur einen Rohrstuhl. Das werde ich ihm nie vergessen, denn es war glatte Vornehmheit, wo er doch nichts von mir wollte. 5

Und er geht dann nebenan zu dem Obersten – zu Leo – und beide kommen raus. Ich stehe Leo gegenüber und wurde dunkelrot mit Zuckungen im Gesicht; denn mein Gesicht sah seinen Bauch von rosenmustrigem Crêpe de Chine umhüllt, und es war mir fast eine unanständige Vorstellung. Und dabei schwebte ihm soviel Würde um die Ohren. Die Sonne schien gegen sie an, und sie sahen aus wie kleine rote Lampions. Und sein gekniffener Mund lächelte höflich ohne Absicht wie eine Königin Luise. Ich hatte ein Gefühl von gefrorenen Knien und einem Bauch, der fortrutscht. Denn 15 Männer in großer Stellung ohne erotisches Wollen, wodurch das man Übermacht bekommt, haben einen schweren Eindruck auf mich. Und sie stellten Fragen an mich, die sich auf meine Bildung bezogen und was ich wollte.

Und dann sollte ich ihnen einen Vortrag halten und trug den Erl- 20 könig vor. Aber bei »mit Kron' und Schweif« wusste ich in meiner Erregung nicht weiter, was peinlich war. Darauf forderten sie etwas Lustiges von mir, und es wurde lange gemeinsam nachgedacht. Da habe ich ihnen schließlich den Schlager gesungen von Elisabeth[17] ihre schönen Beine und habe dazu getanzt so von einer Seite zur 25 andern.

Da haben sie gelacht und Klinkfeld sagte zu Leo: »Eine ausgesprochen komische Begabung.«

Und Leo nickte und sagte: »Auch sehr graziös.«

Ich stand mit gesenktem Kopf und tat, als wenn ich nichts hörte, 30 aber natürlich hörte ich genau jedes Wort. Und sie nahmen mich auf in die Schule, und Geld brauchte ich nicht zu bezahlen, das würde durchgedrückt. Also bin ich nicht mehr bei den Tiefsten.

Aber ich habe auch viel Zwiespalt auszustehn deswegen, denn mein Vater tobt, woher ich nun Geld verdiene, und meine Mutter 35 will mir die Karriere lassen, und vor lauter allgemeinem Krach

---

17 bekannter Schlager der 20er Jahre: »Wenn die Elisabeth/nicht so schöne
Beine hätt ...«

kann ich schon gar nicht mehr essen. Und mein Vater ist eben ein alter Mann und hat gar keinen Inhalt in seinem Leben außer dreckige Karten spielen und Bier trinken mit Kümmel und in der Wirtschaft sitzen – und natürlich kostet das Geld. Und dadurch,
5 dass ich ihm nichts gebe, nehme ich ihm was fort. Denn ich koste ja fast keinen Unterhalt, nur das Schlafen in der Muffkammer – und esse doch fast nie zu Haus, sondern meistens auf Einladungen hin. Aber jetzt ist sein ganzes Gesicht voll Vorwurf. Ich muss glatt einen finden für meine Kleider und für fünfzig Mark monatlich
10 für zu Haus, damit Ruhe ist. Und wenn ich dann sage, woher ich das Geld habe, schmeißt er mich raus in moralischer Empörung. Aber wenn ich gar nichts sage, fragt er auch nicht, wo das Geld her ist, und hat auch keine Gedanken darüber, weil er Geld kriegt und eine moralische Beruhigung hat, wenn er nichts nachdenkt.

15 Und eine hat gesungen und mit dem Busen gewackelt – und ein gelbes Kleid – Rose auf der Schulter – auf den Augen pfundweise knallblau. Und einer ist Rad gefahren – auf einem ganz hohen Rad und hat Witze gemacht unter Lebensgefahr – die Leute essen dabei, und so einem strömt der Schweiß – dann klatschen sie. Er
20 hätte tot sein können – wie viel bekommt so ein Mann? Es war ein erstklassiges Kabarett.
Ein Mann aus der Großindustrie hatte mich eingeladen, indem er im Schauspielhaus Freikarten holte beim Portier für morgen, denn wer Geld hat, hat Beziehungen und braucht nicht zu zahlen. Man
25 kann furchtbar billig leben, wenn man reich ist. Und sprach mit mir und lud mich ein, weil er mich als fertige Künstlerin ansah. Ich will eine werden. Ich will so ein Glanz werden, der oben ist. Mit weißem Auto und Badewasser, das nach Parfüm riecht, und alles wie Paris. Und die Leute achten mich hoch, weil ich ein Glanz
30 bin, und werden es dann wunderbar finden, wenn ich nicht weiß, was eine Kapazität[18] ist, und nicht runter lachen auf mich wie heute – ob das Trapper noch auf dem Klosett sitzt? Wenn ich sie übermorgen noch nicht sehe, schließe ich sie auf, denn ich will sie nicht ausgesprochen verhungern lassen.
35 Ich werde ein Glanz, und was ich dann mache, ist richtig – nie mehr brauch ich mich in Acht nehmen und nicht mehr meine

---

18 bedeutender Fachmann

Worte ausrechnen und meine Vorhabungen ausrechnen – einfach
betrunken sein – nichts kann mir mehr passieren an Verlust und
Verachtung, denn ich bin ein Glanz.

Politik vor der Nazizeit

Die Großindustrie bin ich schon wieder quitt, denn die Politik
vergiftet schon im voraus menschliche Beziehungen. Ich spuck'   5
drauf. Der Konferenzier war ein Jude, der auf dem Rad war ein
Jude, die getanzt hat, war ein Jude.

Fragt mich die Großindustrie, ob ich auch ein Jude bin. Gott, ich
bin's nicht – aber ich dachte: Wenn er das gern will, tu ihm den
Gefallen – und sag: »Natürlich – erst vorige Woche hat sich mein   10
Vater in der Synagoge den Fuß verstaucht.«

Sagt er, er hätt es sich ja denken können bei meinem krausen Haar.
Dabei sind es Dauerwellen und von Natur aalglatt. Und er wird
eisig mit mir und stellte sich heraus als Nationaler und hatte eine
Rasse – und Rasse ist eine Frage – und wurde darauf feindlich – das   15
ist alles sehr kompliziert. Ich hatte es genau gerade falsch gemacht.
Aber es war mir zu dumm, nu wieder alles zurückzunehmen, und
ein Mann muss doch vorher wissen, ob ihm eine Frau gefällt oder
nicht. So was Idiotisches. Machen sie erst vollfette Komplimente
und reißen sich Arme und Beine und was weiß ich noch alles aus   20
– sagt man auf einmal: ich bin eine Kastanie – sperren sie das Maul
auf: ach, du bist eine Kastanie – pfui, das wusste ich nicht. Dabei
ist man noch dasselbe wie vorher, aber durch ein Wort soll man
verändert sein.

Ich bin betrunken. Ob Hubert noch in der Stadt ist? Wie die Groß-   25
industrie dann betrunken war, kam es ihr nicht mehr so drauf an,
und sie wollte. Und wie ich sagte: mein Haar wäre glatt von Natur,
da machte er mich zu einer Rasse mit Blut und ging aufs Ganze.
Aber mir war die Lust vergangen, denn wenn er nüchtern wird,
fängt auch die Politik wieder an – das ist mir unheimlich, und man   30
kann nie wissen, ob man nicht politisch ermordet wird, wenn man
sich da reinmischt.

Am Tisch nebenan saß eine wunderbare Dame mit ganz teuren
Schultern und mit einem Rücken – ganz von selbst gerade, und
ein so herrliches Kleid – ich möchte weinen – das Kleid war so   35
schön, weil sie nicht nachdenken braucht, woher sie's bekommt,
das sah man dem Kleid an. Und ich stand auf der Toilette neben
ihr, und wir sahen zusammen in den Spiegel – sie hatte leichte

weiße Hände so mit vornehmem Schwung in den Fingern und
sichere Blicke – so gleichgültig nebenbei – und ich sah neben ihr
so schwer verdient aus. Sie war groß und gar nicht schlank und
glänzte blond. Sie war so weich und gerade und gebadet. Es muss
interessant sein für einen Mann, sie zu küssen, weil sie so eine Frau
ist, bei der man vorher nicht wissen kann wie sie ist. Bei mir weiß
man es. Ich hätte ihr furchtbar gern gesagt, dass ich sie so schön
und so wie eine gesungene Nacht finde, aber dann hätte sie vielleicht gedacht, ich bin schwul, und das wäre falsch gewesen.

Alles war voll rotem Samt, und eine hat getanzt unter Scheinwer-
fern, aber sie war auch schwer verdient und musste sich Mühe
geben. Ob man wohl ein Glanz werden kann, wenn man es nicht
von Geburt ist? Aber ich bin doch jetzt schon Schauspielschule.
Ich habe aber noch keinen Abendmantel – alles ist halber Kram
– das Stück mit Fuchs ist nachmittags eine gute Sache und abends
ein Dreck. Die Frau hatte ein Cape – schwarz Seal[19] mit weiß – ob
es Hermelin war? Aber sie hat von Geburt eine Art, dass weißes
Kaninchen an ihr aussieht wie Hermelin – mir ist fromm und nach
Gänsehaut bei dem Wort – wenn Therese Handschuhe anhat aus
echt Waschleder, sehen sie doch aus wie nur Stoff.
Zu dem Kabarett bin ich mit der Straßenbahn gefahren an den
Friedhöfen vorbei – eine Frau ist eingestiegen, die ihren Mann begraben hat – sie hatte eine schwarze Wolke von Schleier und ganz
schwarz und kein Geld für Auto, aber Handschuhe schwarz, und
alle konnten ihr Gesicht sehen, die Augen kaputt und konnten
nicht mehr weinen – und ganz schwarz und hatte ein knallrotes
Stadtköfferchen, ganz unmodern und klein und feuerrot – das
machte mir einen Stich durch den Hals – auch die blonde Strah-
lenfrau. Ich fühle wieder etwas Großartiges in mir, aber es tut mir
so komisch weh.

Heute hatten wir Generalprobe – auch das Zelt ist jetzt da. Leo saß
im Parkett neben Klinkfeld und sonst noch aufregende Leute von
der Spitze der Stadt. Mir ist furchtbar übel, ich zittre um meine Karriere und erlebe schwindlige Minuten, denn jetzt ist es im ganzen
Theater rum – das von Leo und mir. Ich glaube, er ist der Einzige,
der noch nicht weiß, dass er ein Verhältnis mit mir hat. Aber wie

---

19 Pelz aus dem Fell der Bärenrobbe

lange kann es dauern, dann erfährt er es und auch das mit den Pyjamas, was jetzt als intime Note im Theater erzählt wird. Mir ist ganz koddrig. Dazu die Probe mit Lärm und Krach und lauter Dekoration und furchtbar viel buntes Militär. Und ich habe den Mönch, der eine Rede hält auf einem Leiterwagen, heimlich mit 5 aller Gewalt auf den Fuß gestampft bei hochgezogenem Vorhang wo er nichts sagen konnte. Und das, weil er mich gestern und die früheren Tage immer hinten gekniffen hat im Dunkeln hinter der Bühne. Das haben andre auch getan, aber am meisten der Mönch. So ein Schwein. Und es war mir aufgefallen, dass immer nur die 10 tieferen Schauspieler, die wenig zu sagen haben, einen kneifen und hinten drauf hauen – wieso sollte ich mir das gefallen lassen? Bei den Großen wäre ich nicht so gewesen, wenn die sich nach ihren unaufhörlichen Sätzen und schweren Schreien mal eine leichte Ablenkung hätten machen wollen – und dann hätte in 15 ihrer Handlung auch nicht so viel Beleidigung für mich gelegen. Aber die taten es nicht. Nur die Alten und Schäbigen. Und der Mönch kniff mich mehr als er Sätze zu sagen hat und war mir eine gemeine Last.

Aber seit heute morgen wussten alle von Leo und mir – da kniff 20 mich keiner mehr. Sie schlugen nur noch weite und nahe Bogen um mich und taten Bildung in ihre Sprache mit mir. Auch der Mönch. Aber trotzdem lockte mich auf der Bühne eine Gelegenheit zur Rache, und ich stellte mich mit Wucht auf seinen Fuß, weil ich schon durch sein ungewaschenes Gesicht wusste, dass er 25 Hühneraugen hat.

Und das mit Leo hat sich verbreitet durch das Trapper, weil ich ihren Satz habe und mir nicht nehmen lasse, worauf sie zur höchsten Instanz will. So eine ist das. Dass ich sie auf dem Klosett verrammelt habe, weiß sie Gott sei Dank nicht. Es war große 30 Aufregung deswegen, denn sie hat eine ganze Nacht da gesessen, und am nächsten Morgen wurde sie von Wallenstein persönlich entdeckt und aufgeschlossen und bekam einen Nervenzusammenbruch, was ich immer für eine gelogene Krankheit halte. Und ihr Vater, der General ist, will Beziehungen machen und ein Theater 35 schließen lassen, wo anständige Mädchen im Klosett eingesperrt werden. Und die Sache läuft. Aber das Trapper auch. Auf der Probe.

Und will ihren Satz wieder haben. Aber Klinkfeld hat ihr für das nächste Stück einen enorm großen Satz versprochen. Darauf will sie mit ihrem Vater das Theater erst schließen lassen, wenn das Stück mit ihrem enormen Satz vorbei ist. Statt nun endlich ruhig zu sein, wirft sie Neid auf mich und erzählt überall von Leo und mir. Und zieht einen Verdacht um Leo, dass er selber sie eingesperrt hat auf dem Klosett aus Erotik zu mir. Ich finde es sehr niedrig, auf einen wirklich vornehmen Mann einen so schmutzigen Verdacht zu streuen. Und die Mädchen finden, an der Art, wie Leo an mir vorbeigeht, könnten sie merken, dass er mir vollständig verfallen ist. Dabei sieht er mich gar nicht an – ich sagte das – da meinten sie nur: das wäre es ja gerade. Mir ist sehr ekelhaft, lange kann das alles nicht mehr gut gehen.

Ich treffe Therese nachher. Sie hat für mich eine Art von blasser Beruhigung nach dem aufregenden Lärm. Alle wollen so schrecklich viel und laut, und Therese ist eine, die nichts will – so was ist eine Wohltat. Ich werde ihr meine braune Holzkette schenken mit den gelben Sprenkeln – dann hat sie eine ruhige Freude.

Wir haben auch heute geschminkt, das sah so wachsig aus in den Garderoben bei dem Licht von der Sonne durch das Fenster. Und Linni sah aus wie eine aufgeplusterte gefärbte Leiche mit Augen wie angebrannte Spiegeleier und das Trapper wie eine jahrelange vom Strich. Ich musste sehr aufpassen, wie sie es machen mit den geränderten Augen und allem, und mein Gesicht wurde mir interessant entfremdet. Und wie ich im Spiegel lachte, war das nur wie ein Schnitt im Gesicht. Und ich bin wohl sehr für Puder und rot auf den Lippen – besonders Coty[20] dunkel – aber ich finde, man soll sich nicht so schminken, dass man ein Lachen hat, das einem nicht mehr aufs eigene Gesicht gehört.

Aber unten auf der Bühne mit Licht von oben und unten war dann doch alles wieder richtig. Und wir hatten ganz große Hüte aus minderwertigem Material, weil es dreißigjährige Kriegsware ist – mit sehr enormen Federn. Ich habe mir einen Hut ausgesucht mit weißer Feder, denn die kann ich noch mal gebrauchen. Wenn das Stück nicht mehr gespielt wird, nehme ich sie mir mit nach Haus. Das übrige Kostüm ist Tinnef. Ganz verschlissenes Zeug, so wie die Ellmanns, die neben uns wohnt, sich anzieht, wenn sie

---

20 französische Kosmetikmarke

mal als Putzfrau in feine Häuser geht, damit die Damen einen Drang bekommen, ihr Kleider zu schenken. Zu Haus schimpft sie dann über die Kleider, und so einen Dreck zöge sie nicht an – und wischt ihre Stuben mit auf aus innerer Wut. Und die Beckers, die über ihr wohnt und es furchtbar nötig hat und von ihrem Mann 5 mehr Kinder kriegt als Geld, die wär schon froh über eine kaputte Bluse, aber der schenkt keiner was, weil sie Bescheidenheit in sich hat und anständig ist. Ich hasse die Ellmanns und habe sehr viel Gründe dafür.

Das war ein Tag. Ich hatte meine Premiere von Wallenstein. Ich 10 habe mehr Blumen bekommen wie die ganzen anderen Schauspieler zusammen. Ich hatte schon vorher rumgesprochen, dass ich spiele, und außer Hubert waren alle Männer im Theater, mit denen mich einmal Beziehungen verbanden. Ich hätte nie gedacht, dass es so viele sind. Sonst war das Theater sehr leer. Außer meinen Män- 15 nern war kaum Publikum da.
Sehr anständig hat sich Käsemann benommen, indem dass er mir einen Rosenkorb geschickt hat mit goldener Schleife und roten Buchstaben: »Ein Bravo der jungen Künstlerin!«
Ich bin jetzt fast schon ein Glanz. Und von Gustav Mooskopf gel- 20 be Chrysanthemen, so groß wie meiner Mutter ihr Kopf, wenn sie die Haare gebrannt hat. Und vom Delikatess-Prengel ein Korb mit Ölsardinen und Tomatenpüree und feinste Mettwurst und ein Brief: ich soll seiner Frau nichts sagen. Ich werd mich hüten. Der Frau trau ich glatt Vitriol[21] zu, darum halte ich mich auch lieber 25 von Prengel fern, den ich sonst in Betracht ziehen würde. Und Jonny Klotz schickte mir die Hupe von seinem Raten-Opel mit einer Karte: er hätte leider mal gerade wieder keinen Pfennig für Blumen, aber er ladete mich und Therese ein nach der Vorstellung in die Mazurka-Bar, wo er einen Ober kennt, bei dem er anschrei- 30 ben lassen kann. Und von Jakob Schneider drei edle Schachteln Katzenzungen mit lila Band und Schleife und voll Geschmack eine gelbe Georgine raufarrangiert und dem höflichen Ersuchen, hinter Wallenstein in der Schlossdiele ein Menü á la carte mit ihm zu nehmen. Aber das konnte ich nicht, weil er leider so furchtbar 35 schielt, dass ich mitschiele, wenn ich ihm gegenübersitze und ihn

---

21 hier wohl allgemein für Gift

lange ansehe – und dadurch verliere ich an Reiz, und das kann man nicht von mir verlangen.

Und bin dann nur mit Therese und Hermann Zimmer vorausgegangen ganz primitiv Bier trinken in einer Wirtschaft. Denn Hermann Zimmer geht auf Montage und hat eine Rührung in mir veranlasst durch einen Strauß Herbstastern – wo er kaum Geld hat und eine Jugendfreundschaft von mir ist. Und ist im Athletenklub, wo ich Ehrendame bin. Und alle Jungen vom Klub schickten mir einen riesigen Kranz aus Lorbeeren und Tannenzweigen mit bunten Seidenrosetten, was erst bestimmt war von einer Privatperson für das Begräbnis vom Bürgermeister vorige Woche und dann nicht abgeholt wurde wegen nicht bezahlen können – und darum haben sie ihn billiger bekommen. Ein schönes Stück, was sich auch lange hält. Und das gab mir natürlich Verpflichtungen, denn der Athletenklub kam nach in die Wirtschaft, und es wurde groß gefeiert. Und alle Jungs waren auf der Galerie gewesen, und nach meinem Satz haben sie Bravo geschrien, und Hermann Zimmer hat getrampelt, und Käsemann hat vom ersten Rang runter geklatscht, und Gustav Mooskopf ist in seiner Loge anerkennend mit dem Stuhl gerutscht – es war eine Sensation. Und einen Augenblick wurde nicht weiter gespielt, denn weil Bravo gerufen wurde, reizte das andere Leute zum Zischen und Pfeifen, und Klinkfeld zitterte in der Kulisse und sagte, es wären Kommunisten und ein Theaterskandal. Aber es war wegen mir. Doch ich dachte, es ist besser, wenn ich das nicht sage, trotzdem der Athletenklub auf dem Standpunkt steht, dass ich eine Attraktion für die hiesige Bühne bin.

Ich hab auf dem Tisch getanzt und das Lied von Elisabeth gesungen – sagten sie, das wäre ihnen lieber wie der ganze Schiller. Und Therese war betrunken – ich habe Hermann Zimmer eine von Prengels Mettwürsten geschenkt, damit er ihr alle fünf Minuten vornehm die Hand küsst und ihr nette Sachen sagt, dass sie hübsch aussieht und so – denn so was will eine Frau hören, wenn sie einen Schwips hat. Und sie wurde wirklich flott, und wenn sie ihren Verheirateten endlich restlich vergisst, bekommt sie vielleicht eine neue Blüte – so was kommt vor, und ich würde mich freuen.

Vielleicht sage ich ihr morgen, dass sie bei den Verwandten von Hubert anruft. Wo ich nun berühmt bin und ein Glanz, kann er mir ja wohl nicht mehr schaden. Vielleicht stehe ich auch morgen in der Zeitung wegen einer Kritik. Und sind dann noch alle in die Mazurka-Bar zu Jonny Klotz. Ganz fabelhaft.

Unterwegs haben wir in belebter Straße in meiner Manteltasche mit der interessanten Opel-Hupe gehupt wie ein Kaiser-Wilhelm-Gedächtnis-Auto – alle Leute stiebten auseinander, und einer sang 5 »Heil dir im Siegerkranz«, der war betrunken. Durch eine Flasche Asbach, die wir mit uns führten, kamen wir ins Gespräch mit ihm – wir tranken alle reihum aus der Flasche, der Siegerkranz hatte einen tüchtigen Zug und milde gebrochene Augen. Er erzählte, dass er eben in einer Wirtschaft zum siebzehnten Mal sein Eiser- 10 nes Kreuz I. versetzt hat, um weiterzutrinken, und auf die Weise machte sich eine lebensgefährliche Patrouille noch einigermaßen schwach bezahlt. Und wir nahmen ihn mit zu Jonny, er hatte eine Glatze vom Stahlhelmtragen, aber das sagen alle außer sie sind unter dreißig. Und sagte, er hätte nichts mehr vom Leben und 15 darum finge es jetzt für ihn an. Der Athletenklub sang die Marseillaise, was ein französisches Lied ist, und meinte: darauf hätte er neue Aussichten. Da sang er mit. Er hatte eine Trostlosigkeit in den Mundwinkeln, und ich gab ein Geschenk von Küssen auf ihn, weil er mir Leid tat, was mir leicht passiert, wenn ich einen in der 20 Krone habe.

Und Therese hatte noch die ganze Mappe voll geschäftliche Briefe vom Pickelgesicht – das ist so weit von mir fort – war ich da auch mal? Mein Leben rast wie ein Sechstagerennen. Und die Briefe mussten fort und waren noch nicht frankiert, die Marken krümel- 25 ten in der Mappe rum. Ich sah ein, dass sie fortmussten, sie machten mich nervös, und Therese packte aus Betrunkenheit sturer Eigensinn – und wir feuchteten die Marken mit Cherry Cobler[22], nachdem Jonny von drei Achtern den Klebstoff fortgeleckt hatte, dass sie nicht mehr zu gebrauchen waren. Und Therese ging zum 30 Briefkasten gegenüber und hat sich eine halbe Stunde verlaufen, ehe sie wiederkam. Sie hat eine furchtbare Ortskenntnis – wenn sie in einem Lokal auf die Toilette geht, sollte man ihr einen Kompass mitgeben. Und die Jungens haben zu drei Mann einen Tisch gestemmt mit gestrafften Armen ganz hoch – mit mir drauf und 35 mit Jonnys Ober von über 200 Pfund. Eine kolossale Leistung, die

---

22 eigentlich Cherry-Cobbler; Cocktail aus Cherry-Brandy, Zucker, kandierten Kirschen und Eis

man nur durch die Begeisterung und durch schweres Trainieren erklären kann. Es war großartig.

Wir zogen dann durch die Straßen und sangen Lieder ohne Politik, was ich wünschte. »Das Wandern ist des Müllers Lust« und »Kommt ein Vogel geflogen«, was so harmlos ist, dass Zweifel in mir sind, ob nicht heimlich doch ein gemeiner Sinn drin steckt. Und ein Schupo wollte uns aufschreiben, der Athletenklub bot ihm Asbach, darauf ging er nicht ein. Da glitzerte ich ihn an – so mit Augen und gab ihm einen Kuss auf einen Uniformknopf, der blind wurde. Der Schupo auch. Und aufgeschrieben hat er nicht.

Und bin so müde voll Fieber und Aufregung. Ach, Hubert. Und habe Rosen um mich und toll viel Blumen. Und hab den Kranz von Lorbeeren aufgehängt über meinem Bett, wo Thusnelda[23] gehangen hat mit Armen so dick wie ein Kinderleib, aber der Kranz steht mir näher. Und auf dem Nachtskommödchen – so schäbig – was ich gekauft habe von der Beckers, weil sie's so nötig hatte – trotzdem es nach ärmlicher Verheiratung aussieht – da steht der Rosenkorb von Käsemann, die Schleife breitet sich runter auf mein Kopfkissen. Ich werde mein Gesicht drauf legen und schlafen auf roten Buchstaben: »Ein Bravo der jungen Künstlerin.« Und gehe jetzt wieder mal leider allein zu Bett.

Wenn es klingelt, werde ich wahnsinnig. Lieber Gott, hilf mir. Ich habe ausgeglänzt, meine Karriere ist hin, alles ist hin – aber das heißt: alles ist hin, bedeutet mir – alles fängt an. Mein Herz ist ein Grammophon und spielt aufregend mit spitzer Nadel in meiner Brust, die ich nicht habe, weil es sich gemein anhört nach Kindernähren und alter Sängerin von Opern, wo man nicht weiß, ob ihr Busen größer ist oder die Stimme. Ich schreibe in Fieber und mit zitternder Hand, um Stunden zu füllen in Thereses möblierter Stube – sturmfrei – trotzdem sie keinen Gebrauch davon macht, so ist es immer – was man nicht braucht hat man, und was man braucht, hat man nicht. Lieber Gott, meine Buchstaben zittern auf dem Papier wie sterbende Beine von Mücken. Ich muss aufhören zu schreiben.

Heute abend fliehe ich. Nach Berlin. Da taucht man unter, und Therese hat eine Freundin da – zu der kann ich. Ich möchte wei-

---

23 üppige Gattin des germanischen Herzogs und Heerführers Hermann/Arminius, der im 1. Jh. die germ. Stämme einigte und bei der Schlacht im Teutoburger Wald anführte

nen. Aber in mir ist ein Wunsch, der es dahin gebracht hat. Mein Kopf ist ein Ofen, mit Steinkohle geheizt. Jeden Augenblick kann ich verhaftet werden – durch den Fehmantel[24], durch die Ellmanns, durch Leo und einen Schupo oder durch den Trapperschen General … Und alles wegen Hubert und einem inneren Drang, der fremd in meinem Bauch ist.

Das war gestern abend – da hatten wir Wallenstein. Ich komm ins Theater für zu Schminken – da wartet schon Therese auf mich – sie war fertig mit dem Geschäft, und ich fing an.

Sagt sie: »Doris, Hubert hat telefoniert.« Und hat Erkundigungen eingezogen über mich, hat mich angerufen beim Pickelgesicht, und Therese machte sich an den Apparat, indem sie eine Verabredung zwischen uns zusammenstellte in Küppers Kaffee um acht nach dem Lager.

Und ausgerechnet, was einmal passiert im Jahr, hatte ich meinen alten Regenmantel an – weniger wegen Regen, als weil ich Ausschlafen nötig hatte, darum gleich nach Haus wollte und meine Schwäche kenne für abendliche Versuchungen und darum meinen widerlichen Mantel anzog, in dem ich für kein Geld wo hingehe.

Ich liebe Therese, sie benimmt sich fabelhaft. Wenn ich ein Glanz bin, werde ich sie mit beglänzen und einen Seitenglanz von mir aus ihr machen. Ich habe so Angst. Ob sie einem im Gefängnis den Puder fortnehmen? Ich war noch nie drin. Therese auch nicht. Gott, mein Vater! Alles muss genau überlegt werden. Da – ich glaube, es hat geklingelt – meine Augen fallen mit einem Schrei in meinen Kopf zurück – ich mache nicht auf – ich klettre raus aus dem Fenster, wenn sie kommen – ich lass mich nicht kriegen. Nie, nie, nie. Nun gerade nicht. In mir ist Kraft von Revolvern. Ich bin ein Detektivroman. Hilf mir lieber Gott – ich will mit einem Messer »lieber Gott« in meinen Arm schneiden, ganz tief, dass Blut kommt – wenn du machst, dass ich heil nach Berlin komme.

Es ist ganz ruhig – meine Nerven haben geklingelt. Ich beiße in meine Hand – das tut so weh, dass meine Angst aufhört.

Ich war mit dem alten Regenmantel – und Hubert – Küppers Kaffee – keine Zeit nach Hause zu gehn für den Mantel mit Fuchs. Ganz ratlos. Ich wollte doch gerade vor Hubert strahlen und rauschen. Und wir schminken uns ab mit Fett – ich heimlich mit Margarine

---

24 Eichhörnchenpelz

Schwan im Blauband von zu Haus mitgenommen – kommt auf einmal der Portier und ruft vor der Tür: wenn ich fertig bin, soll ich sofort zum Direktor kommen. Mir geriet Schwan im Blauband in die Augen – Gott, wie mir wurde. Also war es so weit. Leo
5 – Pyjamas mit Rosen – die Mädchen guckten und machten sich bedeutsame Blicke und glaubten an wilde Leidenschaft. Ich wusste es besser. Ich fand nur noch Kraft, mir heimlich die weiße Feder vom Wallensteinhut zu klauben – sie liegt jetzt neben mir. Ich hatte ganz heiße Sehnsucht nach Hubert als nach einem Mann
10 mit einer kleinen Kuhle in der Schulter, wohinein man den Kopf legt und den Mann weiter sein lässt als sich. So was zu wollen, rächt sich. Ich ahnte es im voraus, aber mein Gefühl hatte keine Lust, es zu wissen. Jetzt hat das Trapper meinen Satz, hoffentlich stolpert sie und fällt hin, wenn sie aus dem Zelt stürzt. Und packte
15 mein Klümpchen Margarine ein – wieso soll ich dem Drecktheater was schenken? – und die Stifte für Augen zu rändern – ganz neu gekauft.

Und ging in die Garderobe vom Parkett, um meine Mutter zu sehn, die manchmal unter Umständen Verständnis hat. Aber man
20 kann ja nichts verstehn von andern, wenn man nicht alles miterlebt und von demselben Fluidum umhaucht ist, das macht, dass man etwas tut oder nicht. Aber meine Mutter war nicht da – statt ihr die Ellmanns, das Biest, was neben uns wohnt. Die saß da und schlief leidend, weil sie es nicht nötig hat und ohne Grund. Da
25 sah ich an einem Haken einen Mantel hängen – so süßer, weicher Pelz. So zart und grau und schüchtern, ich hätte das Fell küssen können, so eine Liebe hatte ich dazu. Es sah nach Trost aus und Allerheiligen und nach hoher Sicherheit wie im Himmel. Es war echt Feh. Zog ich leise meinen Regenmantel aus und den Feh an,
30 und gegen mein alleingelassenes Regenstück bekam ich ein trauriges Gewissen, als wenn eine Mutter ihr Kind nicht will, weil es hässlich ist. Aber ich sah aus! Und fasste den Entschluss, so vor Hubert zu treten und später den Mantel vor Schluss der Vorstellung wieder hinzuhängen. Aber etwas in mir wusste gleich, dass ich ihn
35 nicht mehr hergeben würde und war auch im voraus schon viel zu bange, später noch mal zurückzukommen in dieses Theater und Leo noch sprechen müssen und der Ellmanns ihre Stechaugen sehn und die Stimme hören und alles.

Und der Pelz war für meine Haut wie ein Magnet, und sie liebte ihn, und was man liebt, gibt man nicht mehr her, wenn man es mal hat. Aber ich log das alles fort und glaubte wirklich, ich wollte wiederkommen. Innen Futter aus Crêpe marocain[25], reinseiden mit handgestickt. Und ging fort in Küppers Kaffee. Saß der Hubert 5 da und hatte Ringe um die Augen wie Continentalreifen und hatte früher immer was von gebadeter Babyhaut – war alles fort. Und wir sagten so vornehm »du« zusammen, dass es wie »Sie« war. Aber mein Mund war offen für seine Küsse, weil er traurig war. Doch er hatte eine Bewunderung für mich, die nicht gut gewesen ist und 10 mich nicht stolz machte. Um mich war der Mantel und hatte mehr schlagendes Herz für mich als Hubert.

Ich merkte gleich, dass die echt Jungfräuliche ihm abgesprungen war und der Vater von Professor und hat keine Stelle und macht Murks hier. Und sagte: »Doris, dir geht es gut – ich sehe es, 15 Therese hat mir von deiner Karriere gesprochen.«

Ich sagte: »Danke.«

Und Leo wartete – wegen der Pyjamas – es war spät – die Ellmanns • – ich war von der Welt losgerissen – und mein wütender Vater – alles war verkorkst – und Hubert wurde eine gestorbene Erinnerung und 20 saß nicht lebendig da – ich wollte Gefühle aus mir reißen für ihn, und es war so, wie wenn ich seine Photographie ansah, wenn ich betrunken war und wollte glauben, sie spricht mit mir, und wenn ich furchtbar viel Kraft aus mir riss, konnte ich das manchmal glauben. 25

Und ging dann mit ihm. Und habe mit einer Photographie geschlafen. Es war sehr kalt. Und er fragte nach meiner Gage und wollte Hilfe. Ich habe doch nichts. Und sagte, Therese hat so ein bisschen kalten Aufschnitt gemacht, alles ist halb so wild, und es überkam mich zu sagen, dass alles aus ist. 30

Und ich machte einen Versuch und sagte: »Hubert, du hast nichts, ich habe nichts, das ist genug – wir wollen zusammen aus nichts etwas machen.« Da kroch eine Enttäuschung über ihn und machte, dass er mir widerlich zum Brechen war.

Und ich wusch mein Gesicht. Es war dunkler Morgen, und ich 35 sah sein Gesicht im Bett, das machte mich böse und voll Ekel. Mit einem Fremden schlafen, der einen nichts angeht, ganz umsonst,

---

25 feines Seidengewebe

macht eine Frau schlecht. Man muss wissen wofür. Um Geld oder aus Liebe.

Ich ging fort. Es war fünf Uhr morgens, die Luft war so weiß und kalt und nass wie ein Bettlaken auf der Wäscheleine. Wo sollte ich hin? Ich musste umherirren im Park mit den Schwänen, die kleine Augen haben und lange Hälse, mit denen sie die Leute nicht mögen. Das kann ich verstehn, aber ich mag die Schwäne auch nicht, trotzdem sie sich bewegen und man darum Trost mit ihnen haben sollte. Alles hat mich allein gelassen. Ich hatte kalte Stunden, und mir war wie begraben auf einem Friedhof mit Herbst und Regen. Dabei war gar kein Regen, sonst hätte ich mich unter ein Dach gestellt wegen dem Feh.

So hochelegant bin ich in dem Pelz. Der ist wie ein seltener Mann, der mich schön macht durch Liebe zu mir. Sicher hat er einer dicken Frau unrichtig gehört – einer mit viel Geld. Er hat Geruch von Schecks und Deutscher Bank. Aber meine Haut ist stärker, jetzt riecht er nach mir und Chypre[26] – was ich bin, seit Käsemann mir großzügig drei Flaschen davon geschenkt hat. Der Mantel will mich, und ich will ihn, wir haben uns.

Und ging zu Therese. Sie erkannte mit mir, dass ich fliehen muss, weil Flucht ein erotisches Wort für sie ist. Sie beschafft mir gespartes Geld. Lieber Gott, ich schwöre dir, ich gebe es ihr mit Diamanten und Glück für sie zurück.

---

26 frz. Parfum

ZWEITER TEIL

Später Herbst – und die große Stadt

Ich bin in Berlin. Seit ein paar Tagen. Mit einer Nachtfahrt und
noch neunzig Mark übrig. Damit muss ich leben, bis sich mir
Geldquellen bieten. Ich habe Maßloses erlebt. Berlin senkte sich
auf mich wie eine Steppdecke mit feurigen Blumen. Der Westen
ist vornehm mit hochprozentigem Licht – wie fabelhafte Steine
ganz teuer und mit so gestempelter Einfassung. Wir haben hier
ganz übermäßige Lichtreklame. Um mich war ein Gefunkel. Und
ich mit dem Feh. Und schicke Männer wie Mädchenhändler, ohne
dass sie gerade mit Mädchen handeln, was es ja nicht mehr gibt
– aber sie sehen danach aus, weil sie es tun würden, wenn was bei
rauskäme. Sehr viel glänzende schwarze Haare und Nachtaugen
so tief im Kopf. Aufregend. Auf dem Kurfürstendamm sind viele
Frauen. Die gehen nur. Sie haben gleiche Gesichter und viel Maul-
wurfpelze – also nicht ganz erste Klasse – aber doch schick – so mit
hochmütigen Beinen und viel Hauch um sich. Es gibt eine Unter-
grundbahn, die ist wie ein beleuchteter Sarg auf Schienen – unter
der Erde und muffig, und man wird gequetscht. Damit fahre ich.
Es ist sehr interessant und geht schnell.
Und ich wohne bei Tilli Scherer in der Münzstraße, das ist beim
Alexanderplatz, da sind nur Arbeitslose ohne Hemd und furchtbar viele. Aber wir haben zwei Zimmer, und Tilli hat Haare aus
gefärbtem Gold und einen verreisten Mann, der arbeitet bei Essen
Straßenbahnschienen. Und sie filmt. Aber sie kriegt keine Rollen,
und es geht auf der Börse ungerecht zu. Tilli ist weich und rund wie
ein Plümo und hat Augen wie blankgeputzte blaue Glasmurmeln.
Manchmal weint sie, weil sie gern getröstet wird. Ich auch. Ohne
sie hätte ich kein Dach. Ich bin ihr dankbar, und wir haben dieselbe Art und machen uns keine böse Luft. Wenn ich ihr Gesicht
sehe, wenn es schläft, habe ich gute Gedanken um sie. Und darauf
kommt es an, wie man zu einem steht, wenn er schläft und keinen
Einfluss auf einen nimmt. Es gibt auch Omnibusse – sehr hoch –
wie Aussichtstürme, die rennen. Damit fahre ich auch manchmal.
Zu Hause waren auch viele Straßen, aber die waren wie verwandt

zusammen. Hier sind noch viel mehr Straßen und so viele, dass sie sich gegenseitig nicht kennen. Es ist eine fabelhafte Stadt.

Ich gehe nachher in eine Jockeybar mit einem Mädchenhändler-artigen, an dem mir sonst nichts liegt. Aber ich komme dadurch in Milieu, das mir Aussichten bietet. Tilli sagt auch, ich sollte. Jetzt bin ich auf der Tauentzien bei Zuntz, was ein Kaffee ist ohne Musik, aber billig – und viel eilige Leute wie rasender Staub, bei denen man merkt, dass Betrieb ist in der Welt. Ich habe den Feh an und wirke. Und gegenüber ist eine Gedächtniskirche, da kann aber niemand rein wegen der Autos drum rum, aber sie hat eine Bedeutung, und Tilli sagt, sie hält den Verkehr auf.

Heute abend werde ich alles der Reihe nach in mein Buch schrei-ben, denn es hat sich soviel aufgelagert in mir. Also Therese half mir zur Flucht den Abend. Ich hatte sehr viel Zittern in mir und Angst und großartige Erwartung und Freude, weil nun alles neu wurde und voll von Spannung und Sensation. Und sie geht zu meiner Mutter und weiht sie heimlich ein und auch, dass ich meine Mutter und Therese fürstlich erhebe, wenn mir alles gelingt. Und meine Mutter kenn ich als verschwiegen, und sie ist ein Wun-der, weil sie als über fünfzig sich selbst doch nicht als von früher her vergessen hat. Aber Kleider dürfen mir nicht geschickt werden, das ist zu gefährlich – und so habe ich nichts und nur ein Hemd, das wasche ich morgens und liege im Bett, bis dass es trocken ist. Und ich brauche Schuhe und sehr viel Sachen. Aber das kommt schon. Ich kann auch Therese nicht schreiben wegen der Polizei, die mich sucht ohne Zweifel – denn ich kenne die Ellmanns, wie zäh die ist und drauf aus, für andere Kriminal zu machen.

Es ist mir ganz egal, wenn sie Stunk hat durch mich, denn sie hat Rosalie gebraten und gegessen, die unsere Katze war – ein sanftes Tier mit seidenem Schnurren und einem Fell wie weiße Samtwol-ken mit Tintenklecksen. Sie hat nachts auf meinen Füßen gelegen und geschlafen, dass sie warm waren – ich muss weinen und hab mir ein Stück Torte bestellt – Holländisch Kirsch – jetzt kann ich's nicht aufessen vor Trauer durch die Gedanken an Rosalie. Aber ich packe es mir ein. Und sie war auf einmal verschwunden, ohne wiederzukommen, was sie durch Gewohnheit an mich nie tat. Ich stand am Fenster und rief:»Rosalie« – in die Nacht und die Dach-rinne. Mir war sehr traurig um das Tier, weil es warm für mich war und nicht nur so für meine Füße. Und was so klein ist und weich und ohne Hilfe, dass man es mit zwei Händen fassen kann, dafür hat man immer sehr viel Liebe. Und ich geh am Sonntag das Selleriehobel bei Ellmanns holen, was sie bei uns geliehen hat, das Armloch, was sich zum verrecken nichts kauft, was sie von anderen pumpen kann. Wollten sie gerade essen – dem struppigen Ellmann, der aussieht wie ein Missionar mit scheinheiligen Augen unrasiert auf einer Insel und frisst arme Neger auf Grund von Bekehrung – dem hingen die Zähne raus vor Gier und mit gelbem Glanz. Und auf dem Tisch war eine Schüssel und darauf was Gebratenes so mit einer Linie – woran ich Rosalie erkannte. Und auch an der Scheu in der Ellmanns ihre Stechaugen. Da sage ich es ihr auf den Kopf zu, und sie lügt auf eine Art, dass ich merke: die Wahrheit weiß ich. Und hau ihr unter Tränen in meiner Trauer das Selleriehobel in die Fresse, dass ihre Nase blutete und ihr Auge blau wurde, was aber längst nicht genug war, denn der Ellmann hatte Arbeit, und sie hatten genug zu essen und nie Hunger und Rosalie nicht nötig. Meine Mutter hat es oft schlechter gehabt, aber nie hätten wir Rosalie gebraten, denn es war ein Haustier mit menschlichem Sinn – das soll man nicht essen. Und das ist ein Grund mit, dass ich den Feh behalte. Ich bin ganz kaputt von Erinnerung.

Und bin eine Nacht gefahren. Ein Mann hat mir drei Apfelsinen geschenkt und hatte einen Onkel mit einer Lederfabrik in Bielefeld. Er sah auch so aus. Und wo mir Berlin in Aussicht stand – was sollte ich mit einem, der dritter fährt und sich mit ledernen Onkels auf zweiter hin aufspielt, was immer albern wirkt. Und hatte klebende Haare – staubig blond voll Fett. Und Rauchfinger. Und nach einer Stunde wusste ich alle Mädchen, mit denen er was gehabt hat. Natürlich ganz wilde Sachen und tolle Weiber, denen das Herz und alles gebrochen ist, als er sie verließ – und von Kirchtürmen stürzten und währenddem Gift nahmen und sich den Hals zuwürgten, um nur ja tot zu sein wegen dem Ledernen. Man kennt das ja, was Männer erzählen, wenn sie einem beibringen wollen, dass sie nicht so mies sind wie sie sind. Ich sage da schon gar nichts mehr ein für allemal und tu, als glaube ich alles. Wenn man Glück bei Männern haben will, muss man sich für dumm halten lassen. –
Und ich kam an auf dem Bahnhof Friedrichstraße, wo sich ungeheures Leben tummelte. Und ich erfuhr, dass große politische Fran-

zosen angekommen sind vor mir, und Berlin hatte seine Massen
aufgeboten. Sie heißen Laval[27] und Briand[28] – und als Frau, die öf-
ters wartend in Lokalen sitzt, kennt man ihr Bild aus Zeitschriften.
Ich trieb in einem Strom auf der Friedrichstraße, die voll Leben war
5 und bunt und was Kariertes hat. Es herrschte eine Aufregung! Also
ich dachte gleich, dass sie eine Ausnahme ist, denn so furchtbare
Aufregung halten auch die Nerven von einer so enormen Stadt
wie Berlin nicht jeden Tag aus. Aber mir wurde benommen, und
ich trieb weiter – es war spannende Luft. Und welche rasten und
10 zogen mich mit und wir standen vor einem vornehmen Hotel, das
Adlon heißt – und war alles bedeckt mit Menschen und Schupos,
die drängten. Und dann kamen die Politischen auf den Balkon wie
schwarze milde Punkte. Und alles wurde ein Schrei, und Massen
schwemmten mich über die Schupos mit auf den Bürgersteig und
15 wollten von den großen Politischen den Frieden heruntergewor-
fen haben. Und ich habe mitgeschrien, denn die vielen Stimmen
drangen in meinen Leib und durch meinen Mund wieder raus.
Und ich weinte idiotisch aus Erschütterung. Das war mein Ankom-
men in Berlin. Und ich gehörte gleich zu den Berlinern so mitten
20 rein – das machte mir eine Freude. Und die Politischen senkten
staatsmännisch und voll Wohlwollen die Köpfe, und so wurde ich
von ihnen mitbegrüßt.
Und wir haben alle vom Frieden geschrien – ich dachte, das ist gut
und man muss es, denn sonst wird Krieg – und Arthur Grönland
25 gab mir einmal eine Orientierung, dass der nächste Krieg mit stin-
kendem Gas wäre, davon man grün wird und aufquillt. Und das
will ich nicht. Und schrie darum mit zu den Politischen rauf.
Dann entstand eine allmähliche Zerkrümelung, und in mir stie-
gen mächtige Gedanken auf und ein Drang, Bescheid zu erfahren
30 über die Politik und was die Staatsmännischen wollten und alles.
Denn Zeitungen sind mir so langweilig, und ich verstehe sie nicht
richtig. Ich brauchte jemand, der mich aufklärt, und da wehte mir
der Abschwall von der Begeisterung einen Mann zu, und über uns
war noch wie eine Käseglocke was von allgemeiner Verbrüderung,
35 und wir gingen in ein Kaffee. Er war blass und hatte einen dunkel-

---

27 Pierre Laval (1883–1945): 1931/32 und 1935/36 frz. Ministerpräsident
28 Aristide Briand (1862–1932): frz. Außenminister, der zusammen mit
   G. Stresemann eine Politik der Aussöhnung mit Deutschland nach dem
   1. Weltkrieg betrieben hatte

blauen Anzug und sah nach Neujahr aus – so, als ob er sein letztes
Geld an Briefträger und Schornsteinfeger verteilt hätte. Das aber
war nicht der Fall. Er war bei der Stadt und verheiratet. Ich trank
Kaffee und aß drei Stück Nusstorte – eins davon mit Sahne, denn
ich hatte gehörig Hunger – und in mir war der Wunsch nach po- 5
litischer Aufklärung. Ich fragte den dunkelblauen Verheirateten,
warum die Staatsmännischen gekommen sind? Darauf erzählte er
mir: seine Frau wäre fünf Jahre älter als er. Ich fragte ihn, warum
man nach Frieden schreit, wo doch Frieden ist oder wenigstens
kein Krieg. Antwortet er mir: ich hätte Augen wie Brombeeren. 10
Hoffentlich meint er reife. Und ich hatte etwas Angst vor meiner
Dummheit und fragte vorsichtig, warum wohl die französischen
Politischen uns eben vom Balkon runter so erschüttert haben, und
ob man sich wohl einig ist, wenn solche Begeisterung hin und her
geht, und ob nun bestimmt nie mehr ein Krieg kommt? Da ant- 15
wortet mir der dunkelblaue Verheiratete, dass er Norddeutscher ist
und darum so furchtbar verschlossen. Und ich habe die Erfahrung
gemacht, dass alle, die anfangen mit dem Satz: wissen Sie, ich bin
ein so furchtbar verschlossener Mensch – es gar nicht sind und
garantiert alles aus sich herausquatschen. Und ich merkte, dass die 20
Käseglocke von allgemeiner Verbrüderung sich hochhob und über
uns fortschwebte. Ich machte noch einen Versuch und fragte, ob
Franzosen und Juden dasselbe wären und warum sie Rassen sind
und von den Nationalen nicht gemocht werden wegen dem Blut
– und ob es ein Risiko wäre von mir, davon zu sprechen – und 25
wo unter Umständen die politische Ermordung einsetzt. Erzählt
er mir, dass er seiner Mutter vergangene Weihnachten einen Teppich geschenkt hat und furchtbar gutmütig ist, und er hat seiner
Frau gesagt, dass es eine Gemeinheit wäre, ihm vorzuwerfen, dass
er sich den Regenschirm gekauft hat aus Halbseide statt den gro- 30
ßen Sessel neu beziehen zu lassen, wodurch sie sich schämt, ihre
Damen, worunter eine Professor ist, zum Kaffee einzuladen – und
dass er seinem Chef glatt vor den Bauch gesagt hat: der wüsste
nichts – und ich hätte ein Gefühl in mir, das er brauchte, und er
wäre ein einsamer Mensch und müsste immer die Wahrheit sagen. 35
Und ich weiß, dass Leute, die »immer die Wahrheit sagen müssen«, immer lügen. Ich verlor das Interesse an dem dunkelblauen
Verheirateten, denn mein Herz war ernst und aufgeregt und hatte

keinen Sinn für Liebesgetue ohne Sinn und Verstand mit einem Beamten von der Stadt. Ich sagte ihm:»Einen Augenblick!«, und ging heimlich am andern Ausgang raus. Und war traurig, dass ich keine politische Aufklärung hatte. Immerhin hatte ich drei Stück Nusstorte – eins davon mit Sahne – das ersparte mir ein Mittagessen, was eine politische Aufklärung ja hinwiederum nicht getan hätte.

Ich hatte Unterhandlungen mit einem Verkehrsschupo wegen nach Friedenau raus, wo ich hin musste zu Margretchen Weißbach, die frühere Freundin von Therese. Ich kam in ein Zimmer, wo Margretchen Weißbach wohnte mit ihrem arbeitslosen Mann. Es war kein Margretchen, sondern eine Margrete mit einem Gesicht, dem das Leben nicht leicht wird. Und sie war im Begriff, ihr erstes Kind zu bekommen. Wir haben uns Guten Tag und sofort du gesagt, weil wir ohne was zu sagen voneinander wussten: Was dir passiert, kann mir auch passieren. Sie ist über dreißig, trotzdem war die Geburt nicht schwer.

Ich habe die Hebamme geholt, weil das Stück von Mann nur noch aufgeregte Zigaretten zu drei Pfennig rauchen konnte. Ich habe der Hebamme zehn Mark gegeben und ihr Beine gemacht und gesagt, mit den übrigen Kosten soll sie sich an mich halten. Und war somit noch keine drei Stunden in Berlin und hatte schon Schulden bei einer Hebamme, was hoffentlich kein Zeichen ist. Ich habe bei der Margrete gesessen, als die Wehen waren. Das sind Augenblicke, wo man sich schämt, dass man nicht auch Schmerzen hat.

Das Kind ist ein Mädchen. Wir nannten es Doris, weil ich dabei war und sonst keiner – nur die Hebamme noch, aber die hieß Eusebia. Ich habe die Nacht auf einer Matratze geschlafen neben dem Bett von der Margrete, weil sie vielleicht doch jemand brauchte. Neben mir das Kind in einer gezimmerten Kiste, ringsherum gepolstert und mit weichen Decken mit rosa Rosen drauf gestickt. Sonst war das Zimmer sehr ohne Buntheit. Auf der anderen Seite von dem Kind schlief der Mann. Er atmete hohl vor Glück, weil Margrete nichts passiert ist, das merkte man, trotzdem er so hart und brummig tat. Margrete schlief, und er sprach Worte ohne Freude: was das Kind sollte und dass sie sowieso nicht wüssten, wohin und woher, und besser wär's nicht da. Aber ich sah heimlich, wie in der Nacht sein Kopf im Dunkeln stand, und er bückte sich über die Kiste und küsste die gestickten rosa Rosen. Ich wurde ganz weiß vor Angst, denn wenn er gewusst hätte, dass ich das gesehen habe, hätte er mich, glaub ich, tot gemacht. Es gibt solche Männer. Und Margrete glaubt, sie kriegt wieder eine Bürostelle, nun wo alles vorbei ist.

Das Kind schrie am Morgen wie ein Wecker, und da wachten wir alle auf. Die Luft war wie ein runder Kloß, und man konnte sie nicht schlucken. Das Kind wiegt acht Pfund und ist gesund. Margrete nährt es, und es geht ihr gut. Der Mann kochte Kaffee und Milch. Ich habe die Betten gemacht. Der Mann war böse und schwarz. Er genierte sich, gute Worte zu Margrete zu sagen, aber wir fühlten, dass sie in ihm waren. Dann ging er Arbeit suchen, aber ohne Hoffnung.

Margrete sagt, wenn er wiederkommt, dann schimpft er zu ihr und macht ihr Vorwürfe, und das ist, weil er nicht an das glaubt, was sich Gott nennt. Denn so ein Mann braucht hauptsächlich einen lieben Gott, damit er es ihm übel nehmen kann und auf ihn schimpfen, wenn alles schief geht. So hat er niemand, auf den er Fluch und Hass werfen kann, und darum richtet er seine Vorwürfe auf seine Frau, aber der macht es was aus – und dem, was Gott heißt, macht es nichts aus – und darum sollte er eine Religion haben, oder er muss politisch werden, dann kann er ja auch wohl Krach machen.

Und ich verabschiedete mich, denn ich konnte doch da nicht bleiben. Margrete gab mir die Adresse von Tilli Scherer, die eine frühere Kollegin vom Büro von ihr ist und auch verheiratet, aber ihr Mann wäre oft nicht da. Da habe ich unterwegs drei Windeln gekauft und lasse mit waschechtem Garn in die Ecken einen grünen Zweig sticken, damit es Glück bringt, und lasse sie zu Weißbachs schicken, denn das Kind heißt ja nun nach mir.

Und bin zu Tilli Scherer. Wir wurden uns einig und sie nahm mich auf. Sie will auch ein Glanz werden. Und sie will keine Zahlung von mir. Aber ein übern andern Tag leihe ich ihr meinen Feh für vormittags zur Filmbörse. Ich tue es nicht gern – aber nicht aus Geiz, sondern weil dann immer gleich so fremde Luft rein kommt. Ich habe auch schon Film versucht, aber das bietet wenig Aussicht.

Es geht etwas vorwärts. Ich habe fünf Hemden Bembergseide[29] mit Handhohlsaum, eine Handtasche aus Rindleder mit etwas Krokodil dran, einen kleinen grauen Filzhut und ein Paar Schuhe mit Eidechsenkappen. Dafür fängt mein rotes Kleid, das ich von
5 morgens bis abends trage, unter den Armen zu schleißen an. Aber ich habe in einer Bar Verbindungen zu einem Textilunternehmen angesponnen, das allerdings leider etwas daniederliegt.

Im Allgemeinen kann ich nicht klagen. Da war ich zuerst auf dem Kurfürstendamm, da stand ich vor einem Schuhgeschäft, da sah
10 ich so süße Schuhe, da kniff mich eine Idee – ich tat Sicherheit von ganz großer Dame in mich, wozu mir der Feh half – und riss mir einen Absatz vom Schuh und hinkte in das Geschäft. Und legte den Absatz dem schwarzen Rayon[30] in die Hände.

Sagt er zu mir: »Gnädige Frau.«
15 Sag ich: »So ein Unglück, wo ich tanzen wollte und hab nicht mehr Zeit für nach Haus und nicht genug Geld bei mir.«

Ging ich aus dem Laden mit Eidechsenkappen und abends mit dem schwarzen Rayon in ein Kabarett. Ich sagte ihm, ich wäre eine neue Künstlerin von Reinhardt[31], und wir haben uns beide furcht-
20 bar angelogen und uns aus Gefälligkeit gegenseitig alles geglaubt. Dumm ist er nicht, aber Kavalier. Er hat eine steife Kniescheibe und verliebt sich in Frauen aus Unsicherheit darüber.

Im Jockey lernte ich den roten Mond kennen – seine Frau ist verreist, weil die Zeiten schlecht sind und Badeorte im Oktober weni-
25 ger kosten als im Juli. Er war nur aus Zufall im Jockey, weil er unmodern ist und die neue Zeit ihn ekelt wegen der Unmoral und der Politik. Er will die Kaisers wieder und schreibt Romane und ist bekannt von früher her. Er hätte auch Geist. Und Grundsätze: Männer dürfen und Frauen dürfen nicht. Nun frage ich mich nur,
30 wie Männer ihr Dürfen ausüben können ohne Frauen? Idiot.

Er sagte zu mir: Kleine – und blähte seinen Bauch in Überlegenheit. Wie er fünfzig war, haben alle Zeitungen sich vor ihm ge-

---

29 eine 1901 von der J. P. Bemberg AG Wuppertal-Oberbarmen entwickelte Kunstseide mit dem Glanz und der Feinheit der Naturseide, besonders zur Produktion der berühmten Damenstrümpfe

30 Abteilungsleiter (in einem Warenhaus)

31 Max Reinhardt (1873–1943): berühmter Regisseur und Theaterleiter, ab 1905 Leiter des Deutschen Theaters Berlin; verließ als Jude 1933 Deutschland

beugt. Und er hat einen Leserkreis. Aber er hat auch studiert und Grundlagen von Kultur. Und er gilt. Im Jockey machte er Studien. An mir auch. Er hat viele Romane geschrieben auf das deutsche Volk hin und jetzt wird Zersetzung geschrieben von kleinen Juden. Da macht er nicht mit.

Und der rote Mond hat einen Roman: »Die Wiese im Mai«, der hat sich hunderttausendmal aufgelegt, und er schreibt immer weiter, und es heißt jetzt: »Der blonde Offizier.« Und er hat mich eingeladen. Er hat eine schöne Wohnung – lauter Bücher und so was und ein herausforderndes Chaiselongue. Ich trank Kaffee und Likör und aß viel. Der rote Mond schwitzte und bekam Herzklopfen, weil wir keinen Kaffee Hag[32] tranken. Ich mochte ihn nicht – den Kaffee und den roten Mond. Aber es gab Danziger Goldwasser – da glitzert in einem kleinen Glas ein kleiner See mit winzigen goldenen Fetzen – die schwimmen darin, man kann sie gar nicht fangen, es ist so ungebildet, es zu versuchen – und wenn man es versucht, dann sucht man seine Augen in seine Finger hinein und findet doch nichts – was soll man sich da also erst ungebildet benehmen. Aber es ist hübsch, zu wissen, dass man Gold trinkt, das süß schmeckt, wovon man betrunken wird – das ist wie eine Geige – und ein Tango im Glas. Ich hab dich lieb, braune Madonna ..., man müsste sein mit einem, der mir gefällt. Gefällt, gefällt, gefällt. Und seine Stimme müsste klingen, wie seine Haare glänzen – und seine Hände müssten für meinen Kopf gerundet sein wie die Art von seinem Mund auf mich zu warten. Ob es Männer gibt, die warten können, bis man will? Da kommt ja immer der Augenblick, wo man will – aber da wollen sie einen Moment zu früh, das wirft mir dann einen kalten Stein in den Bauch.

Ich – mein Feh – der ist bei mir – meine Haut zieht sich zusammen vor Wollen, dass mich in dem Feh einer schön findet, den ich auch schön finde. Ich bin in einem Kaffee – da ist Geigenmusik, die weht weinerliche Wolken in mein Gehirn – etwas weint in mir – ich habe eine Lust, mein Gesicht in meine Hände zu tauchen, damit es nicht so traurig ist. Es muss sich soviel Mühe geben, weil ich ein Glanz werden will. Es strengt sich ungeheuer an – und überall sitzen Frauen, von denen die Gesichter sich anstrengen. Aber es ist gut, dass ich unglücklich bin, denn wenn man glücklich

---

32 entcoffeinierter Schonkaffee

ist, kommt man nicht weiter. Das habe ich gesehen an Lorchen Grünlich, die heiratete den Buchhalter von Gebrüder Grobwind und ist glücklich mit ihm und schäbigem Pfeffer- und Salzmantel und Zweizimmerwohnung und Blumentöpfen mit Ablegern
5 und sonntags Napfkuchen und gestempeltem Papier, das ihr den Buchhaltrigen gestattet, um nachts mit ihm zu schlafen, und einen Ring.

Und es gibt Hermeline und Frauen mit Pariser Gedufte und Autos und Geschäfte mit Nachthemden von über hundert Mark und
10 Theater mit Samt, da sitzen sie drin – und alles neigt sich, und sie atmen Kronen aus sich heraus. Verkäufer fallen hin vor Aufregung, wenn sie kommen und doch nichts kaufen. Und sie lächeln Fremdworte richtig, wenn sie welche falsch aussprechen. Und sie wogen so in einer Art mit Georgettebusen[33] und tiefen Ausschnit-
15 ten, dass sie nichts wissen brauchen. Die Servietten von Kellnern hängen bis auf die Erde, wenn sie aus einem Lokal gehn. Und sie können teure Rumpsteaks und á la Meyers mit Stangenspargel halb stehen lassen ohne eine Ahnung und heimliches Bedauern und den Wunsch, es einzupacken und mitzunehmen. Und sie geben
20 einer Klosettfrau dreißig Pfennig, ohne ihr Gesicht anzusehn und nachzudenken, ob man durch ihre Art Lust hat, mehr zu geben als nötig. Und sie sind ihre eigne Umgebung und knipsen sich an wie elektrische Birnen, niemand kann ran an sie durch die Strahlen. Wenn sie mit einem Mann schlafen, atmen sie vornehm mit ech-
25 ten Orchideen auf den Kopfkissen, was übermäßige Blumen sind. Und werden angebetet von ausländischen Gesandten, und lassen sich maniküre Füße küssen mit Schwanenpelzpantoffeln und sind nur halb bei der Sache, was ihnen niemand übel nimmt. Und viele Chauffeure mit Kupferknöpfen bringen Autos in Garagen – es
30 ist eine elegante Welt und dann fährt man in einem Bett in einem D-Zug nach einer Riviera zur Erholung und spricht französisch und hat Schweinekoffer[34] mit Plakaten drauf, vor denen ein Adlon sich beugt – und Zimmer mit Bad, was man eine Flucht nennt.

Ach, ich will so sehr, so sehr – – – nur wenn man unglücklich ist,
35 kommt man weiter, darum bin ich froh, dass ich unglücklich bin.

---

33 Georgette: schleierartiger, dünner Stoff, benannt nach der franz. Modistin Georgette de la Plante
34 Koffer aus feinem Schweinsleder

Liebe Mutter, meine Gedanken schreiben Grüße an dich, und grüße Therese. Ich fühle Entbehrung nach euch, aber Tilli ist gut. Aber sie ist neu, und das Neue kann nicht das Alte ersetzen für mich – und das alte nicht das Neue. In mir ist ein Loch und ein Fehlen von euch, und in meinem Hals lagern Worte auf Worte, die 5 ich euch nicht sprechen kann – das macht mir so furchtbare Liebe zu euch, als wenn man mich durch eine Fleischmaschine dreht. Ich hatte bekannte Straßen bei euch mit Steinen, die Guten Tag sagten zu meinen Füßen, wenn sie drauf traten. Und es war die Laterne mit einem Sprung in der Scheibe und Gekratze am Pfahl: 10 Auguste ist doof. Das habe ich gekritzt vor acht Jahren von der Schule nach Haus und steht immer noch da. Und wenn ich an die Laterne denke, dann denk ich an euch. Ich hab einen veränderten Namen und immer Unruhe und darf euch nicht Briefe schicken wegen der Kriminal – bis das Gras wächst. Aber ich werfe Gedan- 15 ken und Liebe nach euch.
Ich war beim roten Mond. Und beim Danziger Goldwasser, an das ein Zeigen der Wohnung angeschlossen wurde, was naturgemäß immer im Schlafzimmer endet. Es standen verheiratete Betten, und auf einem war Zeitungspapier in Mengen gebreitet, wegen 20 der Motten und ohne Stimmung. Und der rote Mond beleuchtete eine hängende Lampe – ich sah auf dem Nachttisch fünf Hemden aus Bembergseide – die waren vergessen von der Badeortfrau, und der rote Mond sollte sie nachschicken. Ich sage gleich, das ist eine stilistische Stickerei, ich werde ein Hemd mitnehmen und mir 25 welche arbeiten lassen danach. Sagt der rote Mond: gut – und braust wie Sturmwind an mich ran. In solchen Fällen ist die beste Methode, um sich zu retten, Männer auf ihren Beruf hinzulenken, weil der genau so wichtig ist wie die Erotik. Also halte ich ihn im Aufmichzubrausen auf und frage: wie ist das mit der aufgelegten 30 Wiese – und lasse Interesse aus meinem Blick schmelzen. Schnappt er auch sofort ein und fragt, ob er vorlesen soll. Ich jauchze ein ja wie Kinder, die man fragt, ob sie in den Zoologischen Garten wollen, und hocke mich auf die Bettkante auf Zeitungspapier. Auf dem andern Bett hockt sich der rote Mond mit der Wiese im Mai 35 und liest vor – und hört nicht mehr auf.
Erst wollte ich zuhören – immer waren Rebenhügel, wodurch ein Mädchen den Berg runtertanzte, und es lösten sich Flechten – und

von neuem Rebenhügel und immer mehr Rebenhügel – es wurde
mir langweilig – das geflochtene Mädchen fütterte Hühner, ohne es
nötig zu haben, denn sie lebte in gesicherten Verhältnissen – und
der rote Mond machte: putt-putt-putt in hohem Ton. Und hörte
5 nicht auf und wieder Rebenhügel. Denk ich, das ist zuviel verlangt,
stundenlang Rebenhügel hören für umsonst – und nehm heimlich
noch ein Hemd und stopf es mir vorne ins Kleid. Und alle drei Seiten sagt er mir, dass Feinheiten kämen – und alle fünf Seiten nehm
ich ein neues Hemd vom Nachttisch, bis keins mehr da war. Und
10 steh auf und sag: es war die Stunde einer Kirche, und ich bedarf
einer Einsamkeit wegen Nachdenken über die Rebenhügel. Und
haute ab. Mit einem Busen wie eine hochprozentige Spreeamme.

Und so hütete ich widerwärtige Kinder einer hochherrschaftlichen
Onyxfamilie und war ein Inkognito von Tochter von früherem
15 General – es wurde arrangiert durch Tillis Schwester – die hat die
Onyxkinder früher bewacht. Sie wohnen am Knie, und die Kinder sind von gewusster Frechheit wie Erwachsene. Der Mann hat
Onyx[35] und Aktien und weiße Haare, die stehen hoch und finden
sich schön. Und er ist groß und markantisch. Die Frau ist jung und
20 faul und weiß von nichts.
Wenn eine junge Frau mit Geld einen alten Mann heiratet wegen
Geld und nichts sonst und schläft mit ihm stundenlang und guckt
fromm, dann ist sie eine deutsche Mutter von Kindern und eine
anständige Frau. Wenn eine junge Frau ohne Geld mit einem
25 schläft ohne Geld, weil er glatte Haut hat und ihr gefällt, dann ist
sie eine Hure und ein Schwein.
Liebe Mutter, du hast ein schönes Gesicht gehabt, du hast Augen,
die gucken, wie sie Lust haben, du bist arm gewesen, wie ich arm
bin, du hast mit Männern geschlafen, weil du sie mochtest, oder
30 weil du Geld brauchtest – das tue ich auch. Wenn man mich
schimpft, schimpft man dich … ich hasse alle, ich hasse alle
– schlag doch die Welt tot, Mutter, schlag doch die Welt tot.
Da war der weiße Onyx und sagte »gnädiges Fräulein«. Und
machte mir Augen, und ich war bereit. Da war die edle Frau ins
35 Theater, und ich saß mit ihm, und er bot mir eine Wohnung und
Geld – mir kam die Gelegenheit zu einem Glanz, und es ist leicht

---

35 Halbedelstein, Abart des Quarzes

mit Alten, wenn man jung ist – sie tun, als könnte man was dafür,
und als hätte man es geleistet. Und ich wollte, ich wollte. Er hatte
eine Kegelkugelstimme, die mich kalt macht, aber ich wollte – er
hatte so verschleimtes Gelüge in den Augen, aber ich wollte – ich
dachte, die Zähne zusammenbeißen und an machtvolle Hermeli- 5
ne denken, dann geht es. Und sagte: ja.
Da kam der Schöne. Er klingelte und kam und war ein Besuch
und früherer Freund von dem Onyx und nicht mehr jung – aber
so schön, so schön. Und wir sahen uns an. Und zu drei tranken
wir Wein. Und ich wusste auf einmal, ich bin ja so reich, weil ich 10
Dummheiten machen kann. Ja, ja, ja, ich war so dumm. Ich hab
dem Onyx verächtliche Mundwinkel gezogen – in meinem Herzen
waren Brillanten, weil ich so reich war, dass ich tat, was mir gefiel.
Ich ging mit dem Schönen. Groß war er und schlank. Und ein
dunkles Gesicht wie ein starkes Märchen. Träume küssten mich 15
durcheinander. Ein Zimmer war kalt und dunkel, und der Schöne
leuchtete. Ich habe ihn dankbar geküsst, weil ich mich nicht schämen brauchte, ihn nackt zu sehen. Ich habe Dank in meine Hände
getan, weil ich keine Stimmung ins Kopfkissen lügen brauchte,
wie er sich auszog – meine Haut war warm vor Dank, weil ich 20
bei hellem Licht mit offenen Augen keine Hässlichkeiten an ihm
vergessen musste – oh, ich war ein dankbares lachendes Weinen,
weil er mir so gefiel.
Das ist so furchtbar viel, wenn einem einer gefällt – Liebe ist noch
so ungeheuer viel mehr, dass es sie wohl gar nicht, vielleicht kaum 25
gibt.
Aber du Schöner, warum hast du eine schlaue Dummheit gehabt?
Und dem Onyx gesagt: Die Kleine war bei mir gestern nacht? Sagt
mir der Onyx: »Sie sind eine Dirne, machen Sie sich fort von meinen reinen Kindern.« Und die edle Frau seufzte süß: »Hach, dass es 30
so was gibt.« Sag ich nur: »Schließlich haben Sie Ihre reinen Kinder
auch nicht vom heiligen Geist, sondern von einem alten Onyx
nach naturmäßigem Vorgang.«
Und ich ging allein und hatte in meinem Herzen die Brillanten
von geküsster Dummheit, die ich nicht essen konnte. Und hatte 35
mir von meinem letzten Geld ein braunes Honigkleid gekauft mit
gleitenden Falten, so sanft und ernst, wie Frauen vergessen zu lachen, wenn sie einer küsst, den sie mögen.

Wenn Tillis Mann kommt, werde ich fortmüssen, wovor ich kalte Angst habe. Weniger wegen der Wohnungsnot, als weil ich dann niemand habe. Und Berlin ist sehr großartig, aber es bietet einem keine Heimatlichkeit, weil es verschlossen ist. Und das kommt
5 auch, weil es unter den Menschen hier ganz kolossale Sorgen gibt, und daraufhin haben sie alle mit weniger Sorgen kein Mitleid, aber mir sind sie schwer genug. –
Ich habe zu Rannowsky gesagt: »Es ist eine Gemeinheit, kommen Sie mir nicht, was sind Sie für einer?« Denn er ist ein Wort, das ich
10 mich schäme, auf Papier zu geben, und wohnt über uns – nämlich Zuhälter. Und es ist an sich ein Haus, wo man alle Geheimnisse von allen weiß, die man besser nicht wüsste. Er war Arbeiter und sollte gerade Meister werden in der Fabrik, daraufhin arbeitslos und aus Wut Treibriemen zerschnitten. Und daraufhin Gefängnis,
15 aber ganz richtiggehend. Und er hat vier Mädchen, die für ihn – also so das unterste, was es gibt. Darum braucht er sie doch aber noch lange nicht zu schlagen, dass Tilli und ich nachts denken, die Decke kracht, und die ganze Gesellschaft fällt auf uns. Und er hat Haare, die steil hochstehen, und solche sind nach meiner Er-
20 fahrung immer brutal. Und ist erst dreißig. Und sitzt gestern abend besoffen auf der Treppe, ich wollt zitternd vorbei. Hält er meinen Fuß fest: Mutter Gottes, nu macht er mich tot! – »Lassen Sie mich los, Herr Rannowsky, ich ersuche Sie.« Heult er und sagt: »Ich bin verloren, aber ich habe keinen – nur meine Goldfische.« Sag ich:
25 »Sie sollten sich was schämen, warum schlagen Sie die untersten Mädchen, die Ihnen Geld geben?«
»Das ist die Kraft«, sagt er, »und ich hasse sie, dass sie mir Geld geben, sie sind solche Schweine.«
Sag ich: »Sie müssen arbeiten.«
30 Aber natürlich war das Quatsch. Spuckt er mir auf meinen linken Wildlederpumps und sagt, Weiber ekelten ihn. Aber er hat vier Goldfische, der Großartigste heißt Lolo, die haben Augen, mit denen erwarten sie Futter von ihm und sind überhaupt gut und anständig. Aber ich sage mir, die können ja gar nicht anders.

35 Ich habe eine Angst, ich könnte wie dem Rannowsky seine Weiber werden. Berlin verursacht mir Müdigkeit. Wir haben gar kein Geld, Tilli und ich. Wir liegen im Bett wegen Hunger. Und ich habe Ver-

pflichtungen an Therese. Arbeiten kann ich nur mit Schwierigkeiten, weil ich ja keine Papiere habe und darf auf keiner Polizei
gemeldet werden, denn ich bin doch auf der Flucht. Und man
wird schlecht behandelt und ganz billig, wenn man sich anmerken lässt, dass es einem schlecht geht. Ein Glanz will ich werden. 5
Heute gehen wir ins »Resi« – ich bin eingeladen von Franz, der
arbeitet in einer Garage.
Das ist die Liebe der Matrosen ... und rrrrr macht das Telefon, das
ist an allen Tischen. Mit ganz echten Nummern zum Drehen. Berlin ist so schön, ich möchte ein Berliner sein und zugehören. Das 10
ist gar kein Lokal, das »Resi«, das hinten in der Blumenstraße ist
– das ist lauter Farbe und gedrehtes Licht, das ist ein betrunkener
Bauch, der beleuchtet wird, es ist eine ganz enorme Kunst. So was
gibt es nur in Berlin. Man denke sich alles rot und schillernd noch
und noch und immer mehr und wahnsinnig raffiniert. Und Wein- 15
trauben leuchten, und auf Stangen sind große Terrinen, aber der
Deckel wird von einem Zwischenraum getrennt – und es glitzert,
und wasserartige Fontänen geben so ganz feinsinnige Strahlen.
Aber das Publikum ist keine höchste Klasse. Es gibt Rohrpost – da
schreibt man Briefe und tut sie in Röhren und in ein Wandloch, da 20
kommt ein Zugwind und weht sie zum Bestimmungsort. Ich war
von der ungeheuren Aufmachung wie berauscht.
Der Garagenfranz bestellte mir einen italienischen Salat und Wein.
Und wenn er mal raus musste, klingelte mein Apparat, ich werde
so furchtbar gern angerufen – wenn ich ein Glanz bin, habe ich 25
ein vollständig eignes Telefon, das klingelt, und ich mache: Hallo
– so mit gepresstem Doppelkinn und wahnsinnig gleichgültig wie
ein Generaldirektor.
Das ist die Liebe der Matrosen ... und die Decke, die man auf die
großzügigste Weise dekoriert hat, drehte sich nach rechts, und der 30
Boden, worauf man tanzt, nach links – jawohl Herr Kapitän, jawohl Herr Kapitän ... da wirste betrunken ohne zu trinken.
Franz hatte schlappe Haare und gebeugten Rücken wegen seiner
Mutter, die er erhält, und drei kleinen Brüdern. Er geht sehr selten
mal aus, und wenn er es tut, muss er trinken, weil er sonst nicht 35
den Mut hat, richtig froh zu sein, und um zu vergessen, dass er
Geld ausgibt für sich. Denn er hängt an seiner Familie. Und das
merkte ich nach und nach, mir schmeckte der Wein nicht. Ich

hätte sein mögen mit einem, der nachts Geld ausgeben kann, das ihm morgens nicht fehlt.

Das »Resi« war so bunt, wir waren ganz schwer und dunkel, da machte uns das »Resi« auch bunt. Ich habe Karussell gefahren auf der Vogelwiese und mit der Rohrpost eine Flasche Kognak bekommen, die haben wir Karl seiner Mutter mitgebracht – und begleitet von einem Schreiben mit Lebensart. Ich treffe ihn morgen am Wittenbergplatz. Er ist klein und wibbelig und hat Augen wie angebrannter Plüsch.

Nachher bin ich mit Franz, weil ich nicht wollte, dass er so viel umsonst ausgegeben hat. Erst hat er gedrängt, und nachher war er enttäuscht, weil er ein Mädel wollte, das sich nicht so schnell herbeilässt. Ich hatte es ja nur gut gemeint.

Ich friere und geh jetzt schlafen. Aber das »Resi« war so schön – das ist die Liebe der Matrosen – jawohl Herr Kapitän, jawohl Herr Kapi – gute Nacht, ihr herrlichen bunten Farben.

Mein Leben ist Berlin, und ich bin Berlin. Und das ist doch eine mittlere Stadt, wo ich her bin, und ein Rheinland mit Industrie.

Und mein Vater war eigentlich nicht mein Vater, ich bin nur mit zugeheiratet worden von ihm. Meine Mutter hatte ein Leben, aber war trotzdem solide, denn sie ist nicht dumm. Und wollte mich erst nicht und hat geklagt wegen Alimente, was alle in Frage kommenden Väter mir persönlich übelnahmen. Und Prozess glatt verloren. Dabei muss es doch einer gewesen sein. Und sie haben mich nie gehauen, aber das war auch alles an Gütigkeit. Und dann in die Schule. Ich hatte von meiner Mutter ein besseres Kleid aus einer Gardine wegen der Leute nebenan, damit die sich ärgern, und nicht, dass ich mich freue. Und dann nur Qual wegen dem Kleid und Angst, dass was dran kam, und die Jungens aus meiner Klasse sagten mir Affe. Und die Mädchen von der höheren Schule, die uns gegenüber lag, sagten: nu guck mal die mit dem komischen Kleid! und machten ein Hohnlachen. Das Kleid stand steif um mich und war dunkelgrün mit gewebten Mustern von Tieren mit langen Zungen – und alle haben mich ausgelacht. Jetzt der Feh und ich in Berlin! Und ich habe sie mit Steinen geworfen damals und habe mir einen Schwur gemacht – nämlich, dass ich nicht eine sein will, die man auslacht, sondern die selber auslacht.

Ich kam dann in die Lehre. Und geh jetzt durch Lichter. Und war einmal krank. Eltern haben ja eine Liebe zu den Kindern, wenn man krank ist und sterben kann so mit Fieber, dann opfern sie sich, und wenn man gesund ist, vergessen sie ihre Angst. Ich hatte keine Stelle wegen meiner Schwäche, und da wurde ich gleich 5 wieder eine Last. Und das war bei allen so.

Alle sollten nach Berlin. So schön. Aus einem offenen Schaufenster kriegt man Reibkuchen. Und sind doch die Ruhrbeins meine Verwandten, die immer Reibkuchen aßen – und war der Paul, der mein Vetter ist, arbeitslos und trug Anzüge auf von seinem jün- 10 geren Bruder, der verdiente, und er fand nichts und saß da. Und stützt auf den Tisch in der Küche seine Arme, da sagt meine Tante: »Ich bitte dich, Paul, nicht die Arme zu stützen, um den Anzug zu schonen, denn du hast ihn ja nicht verdient.«

Sie haben ihn wohl immer getröstet, wenn er mal verzweifelte und 15 weinte, und haben ihm immer sehr übel genommen, wenn er mal eine gute Laune hat.

Ich gehe und gehe durch Friedrichstraßen und gehe und sehe und glänzende Autos und Menschen, und mein Herz blüht schwer.

Und wir saßen da mal zu vielen bei Ruhrbeins – und ich sehe jetzt 20 eben in einen Kranz, das gibt Freude – und saßen bei Ruhrbeins, und Paul ist ganz fröhlich durch unsere Stimmung, und da sagt er: »Holen wir doch eine Flasche Wein, Mutter!«

Da sieht sie ihn an und macht eine zischende Stimme ganz voll Böse: »Wenn du's selber wieder mal verdienst, kannst du ja auch 25 deinen Freunden Wein spendieren.«

Da wurden wir alle rot, es wurde eine Stille im Zimmer. Und Paul ist fortgegangen und hat sich das Leben genommen im Wasser an demselben Abend. Und die Ruhrbeins weinten ganz furchtbar und waren ein Leid und sagten: »Er war doch der beste von unseren 30 Kindern, und wie konnte er uns es antun, wo wir immer gut zu ihm waren.«

So ist es immer mit uns Kindern von ärmeren Leuten. Ich liebe ja meine Mutter mit einer Sehnsucht und bin doch so froh, dass ich fort bin in Berlin, und es ist eine Freiheit, ich werde ein Glanz. 35

Ich gehe abends und morgens – es ist eine volle Stadt mit so viel Blumen und Läden und Licht und Lokalen, mit Türen und filzigem Gehänge dahinter – ich male es mir aus, was drinnen ist, und

geh manchmal rein und gucke und tu, als wenn ich jemand suche,
der gar nicht da ist – und wieder raus. Und wo es am interessantes-
ten ist, da bleibe ich dann manchmal. Ich habe auch schon mal in
Berlin Spargelsalat gegessen.

5 Und hat mich doch gestern einer nach Hause gebracht im Auto.
Weil er nicht rasiert war, habe ich heute ein ganz zerstacheltes Gesicht und bin rot wie eine Tomate und sonnenbrandartig. Da kann
man doch also mit Männern nicht vorsichtig genug sein. Aber es
ist mir ein Frühling, Berlin ist mir ein Ostern, das auf Weihnachten
10 fällt, wo alles voll schillerndem Betrieb ist. Ich sehe die Männer
und denke, das sind so viele, und es wird doch für mich einer sein,
der atmet das ganze Berlin aus sich heraus und auf mich ein. Und
er hat schwarze Haare und ein Cachenez[36] aus weißer vornehmer
Seide.
15 Ich liebe Berlin mit einer Angst in den Knien und weiß nicht,
was morgen essen, aber es ist mir egal – ich sitze bei Josty[37] am
Potsdamer Platz, und es sind Säulen von Marmor und eine Weite.
Alle Leute lesen Zeitungen und auch ausländische und bedeutend
gedruckt, und sie haben so eine Ruhe, indem sie sitzen, als wenn
20 ihnen alles gehört, denn sie können bezahlen. Ich ja auch heute.
Ich bin immer gegangen am Leipziger Platz und Potsdamer. Aus
Kinos kommt eine Musik, das sind Platten, auf denen vererbt sich
die Stimme von Menschen. Und alles singt.
Und es wohnt doch im Haus von uns unten Herr Brenner, der
25 kann nichts mehr sehen und keine Geschäfte und karierten Lichter und moderne Reklame und nichts. Denn er hat die Augen
verloren im Krieg. Und seine Frau ist sehr alt und böse. Alles soll
ihr gehören, weil sie alles verdient und plättet den ganzen Tag für
Leute und näht Wäsche – wer trägt denn nur so was ohne Schick?
30 Und sie verdient sich ihren Mann, und der kriegt gar nichts und
nicht Unterstützung, denn er ist ein Elsässer und hat aber als Deutscher gekämpft. Und ist vierzig und sitzt sehr trübe immer in der
Küche mit dem Blick auf die Mauer, aber die sieht er ja nicht. Und
so einen schönen Mund. Ich besuche ihn manchmal, wenn die
35 Brenner mal fort ist, weil die mich nicht will. Die gönnt nicht den

---

36 Halstuch
37 Berliner Restaurant und Café

56

Fußsohlen von fremden Menschen, dass sich der Dreck von ihrem Fußboden dran festklebt. Und will keinen in ihrer Wohnung, was ihr Mann ist und die Küche.

Ich kann doch sehr verstehen, dass Männer untreu sind, denn wenn Frauen was ganz gehört, sind sie manchmal gut auf eine Art, die glatt gemein ist. Und so eine lässt einem doch keine Luft. Der Brenner ist wohl ein sehr feiner Mann und hat so viele Gedanken, die sagt er mir dann. Und alle seine Gedanken sind in der Küche, und wenn die Frau drin ist, macht sie die Küche voll mit ihrer Stimme und weint um ihn und dass sie so arbeiten muss. Dann haben seine Gedanken gar keinen Platz mehr in der Küche.

Und dann sagt er: »Wenn sie weint, dann denke ich, sie hat lange gelbe Zähne«, und fragt mich: »Hat sie lange gelbe Zähne?«

Ich sage: »Nein, sie hat kleine weiße Zähne« – aber das ist nicht wahr. Aber es ist doch scheußlich, immer so eine Idee von so langen gelben Zähnen zu haben.

Ich sammle Sehen für ihn. Ich gucke mir alle Straßen an und Lokale und Leute und Laternen. Und dann merke ich mir mein Sehen und bringe es ihm mit.

Gerade nähert sich mir eine Beamtennatur und hat ein Taschentuch mit grünem Rand und Kneifer.

Fragt mich der Brenner mit so blassen Händen: »Wie sehen Sie eigentlich aus?«

Und sitze ich vor ihm auf dem Küchentisch und habe trotz Abwischen mit dem Stinklappen jetzt sicher wieder einen Fettfleck auf dem Popo. Ist aber ein altes Kleid. Ich habe meine Füße auf seine Knie gestellt, indem er vor mir sitzt, und er streicht mir über meine seidenen Schienbeine. Er hat doch sonst wenig Freude.

Es summt eine gelbe Luft. Und da fragt er mich: Wie siehst du aus? Das war mir ganz komisch, ich wollte mich selber sehen von außen und nicht wie ein Mann sonst mich beschreibt zu mir, was ja doch immer nur halb stimmt.

Und denke mir: Doris ist jetzt ein enormer Mann mit einer Klugheit und sieht auf Doris und sagt so wie ein medizinischer Arzt: »Also liebes Kind, Sie haben eine sehr schöne Figur, aber ein bisschen spillrig, das ist gerade modern, und haben Augen von einem braunen Schwarz so wie die ganz alten Seidenpompons an meiner Mutter ihr Pompadour[38]. Und bin wohl auf blutarme Art blass am Tage und an meiner Stirn blaue Adern und abends rote Backen und auch sonst, wenn ich aufgeregt bin. Und mein Haar ist schwarz wie ein Büffel also nicht ganz. Aber doch. Und kraus durch Dauerwellen, aber die lassen schon wieder etwas nach. Und mein Mund ist von Natur ganz blass und wenig. Und geschminkt sinnlich. Ich habe aber sehr lange Wimpern. Und eine ganz glatte Haut ohne Sommersprossen und Falten und Staub. Und das übrige ist wohl sehr schön.«

Aber da hatte ich eine Scham, von meinem ganz erstklassigen und weißen Bauch zu sprechen, und ich glaube auch, nackt und allein vorm Spiegel findet sich jedes Mädchen schön. Und ist man mal nackt mit einem Mann, dann ist der eben schon so verrückt, dass er ohnehin alles schön findet, und somit hat man für seinen Körper gar keine richtige Beurteilung.

»Man hört dich gar nicht, wenn du gehst«, sagt der Brenner – »wie gehst du denn, bewegst du die Hüften?«

Und ich sage: »Nein, ich kann es nicht leiden, wenn die Mädchen ihren Hintern winden wie ein Korkzieher beim Gehen, aber manchmal schwingen mir meine Füße, und in meinen Knien ist ein wunderbar aufregendes Gefühl.«

Und ich konnte da wieder nicht weiter sprechen, ich finde Schenkel so ein furchtbar unanständiges Wort. Aber wie kann man das über den Knien denn sonst nennen?

Und in der Ecke kriecht langsam eine Kakerlake, und es war so grau und ohne Vornehmheit alles, ich habe mich sehr geekelt. Er hat sich nicht getraut, mich zu küssen. Das gab mir Liebe und Mut. Und ich dachte früher immer mal, man kann nur einem helfen mit Geld. Und helfen kann man ja gar keinem, aber wohl eine Freude machen – und das geht aber keinen was an – und mein Taubenbuch nicht und mich nicht und keinen.

Der Brenner hat mir eine Kette aufgezogen aus Holzperlen. Es sind rote und herrliche und grüne Farben und zusammengestellt mit einem Sinn. Und er ist doch blind. Ich bin ja kein Idiot und habe meinen Ehrgeiz, aber ich habe geweint vor Freude, weil es nämlich selten vorkommt, dass einem einer hinterher noch was schenkt.

---

38 elegante beutelartige Damenhandtasche

Tilli sagt: Männer sind nichts als sinnlich und wollen nur das. Aber ich sage: Tilli, Frauen sind auch manchmal sinnlich und wollen auch manchmal nur das. Und das kommt dann auf eins raus. Denn ich will manchmal einen, dass ich am Morgen ganz zerkracht und zerküsst und tot aufwache und keine Kraft mehr habe zu Gedanken und nur auf wunderbare Art müde bin und ausgeruht in einem. Und sonst geht er einen ja nichts an. Und es ist auch keine Schweinerei, weil man ja gleiche Gefühle hatte, und jeder will dasselbe vom andern.

Und da lebe ich in Berlin für mich erstens und dann für den Brenner. Und sitze in der Küche, und es ist hinter dem Vorhang das Bett. Ich würde den Vorhang, der gelb ist und so voll armen Flecken, vor den Herd hängen und nicht vor das Bett.
Und er immer mit so schmalem Mund und so geschnittenen Zügen und Haare wie ein hingefallenes Kind, das so streifig in die Stirn hängt, und mit Jägerjoppe. Und ich vor ihm auf dem Tisch und liebe manchmal seine Hände um meine Füße.
Wann hatte denn wohl jemals bei mir ein Mann Hände, die genau gewusst haben, wenn es mir nicht passte, dass sie sich bewegten? Und da gibt es doch nun wirklich zwei Arten von Männern: nämlich welche mit tausend Händen, wo man nicht weiß um Gottes willen, welche denn nun zuerst festhalten! Und welche mit nur zwei Händen, mit denen man fertig wird einfach durch ein Nichtwollen ohne Festhalten.
Und er fasst meine Füße mit Fingern wie Weihnachtskerzen aus Wachs – wir haben zu Hause unsere Kerzen vom Baum immer drei Jahre lang, indem wir sie immer nur anzünden zum Stille Nacht heilige Nacht-Singen.
Und es ist eine Stille und so feuchtes Gedampfe und am Fenster die graue Mauer, das fällt alles auf uns. Ich sitze und pudre mich wegen seiner Hände. Und male mir den Mund. Aber er sieht es ja nicht, wenn ich hübsch aussehe. Ich bringe ihm Berlin, das in meinem Schoß liegt.
Fragt er mich: »Liebe Volksliederstimme, wo warst du heute?«
»Ich war – auf dem Kurfürstendamm.«
»Was hast du gesehen?«
Und da muss ich doch viele Farben gesehen haben:

»Ich habe gesehen – Männer an Ecken, die verkaufen ein Parfüm,
und keinen Mantel und kesses Gesicht und graue Mütze, – und
Plakate mit nackten rosa Mädchen – keiner guckt hin – ein Lokal
mit so viel Metall und wie eine Operation, da gibt es auch Austern
5 – und berühmte Photographen mit Bildern in Kästen von enormen Leuten ohne Schönheit. Manchmal auch mit.«
Es kriecht eine Kakerlake – ist es immer dieselbe? und ein Mief in
der Stube – werden wir eine Zigarette –
»Was hast du gesehen?«
10 »Ich habe gesehen – ein Mann mit einem Plakat um den Hals: ›Ich
nehme jede Arbeit‹ – und ›jede‹ dreimal rot unterstrichen – und ein
böser Mund, der zog sich nach unten mehr und mehr – es gab eine
Frau ihm zehn Pfennig, die waren gelb, und er rollte sie auf das
Pflaster, das Schein hat durch Reklame von Kinos und Lokalen.
15 Und das Plakat war weiß mit schwarz drauf. Und viele Zeitungen
und sehr bunt und das Tempo rosa-lila und Nachtausgabe mit
rotem Strich und ein gelber Querschnitt – und sehe das Kempins-
ky[39] mit edlem Holz und Taxis davor mit weißen Karos und Chauffeure mit eingeknicktem Kopf, weil sie ja immer warten. Und von
20 innen Spiegel und was von Klub. Und Menschen eilen. Und Vor-
gärten von Kaffees, die sind ein Winter und drinnen Musik. Und
auch mal Bars und ein großes Licht hoch über der Erde von Kupferberg Sekt – und einer mit Streichhölzern und auf der Erde mit
schwarzen Beinen – quer übers Pflaster und Schachteln von
25 Streichhölzern, die sind blau mit weiß und kleiner roter Rand –«
»Was siehst du noch, was siehst du noch?«
»Ich sehe – gequirlte Lichter, das sind Birnen dicht nebeneinander
– Frauen haben kleine Schleier und Haar absichtlich ins Gesicht
geweht. Das ist die moderne Frisur – nämlich: Windstoß – und
30 haben Mundwinkel wie Schauspielerinnen vor großen Rollen
und schwarze Pelze und drunter Gewalle – und Schimmer in den
Augen – und sind ein schwarzes Theater oder ein blondes Kino.
Kinos sind ja doch hauptsächlich blond – ich rase da mit und in
meinem Feh, der ist grau und weich – und ganz rasende Füße,
35 meine Haut wird rosa, die Luft ist kalt und heiße Lichter – ich
sehe, ich sehe – meine Augen erwarten ein Ungeheures – ich habe
Hunger auf was Herrliches und auch auf ein Rumpsteak so braun

---

39 Berliner Restaurant und Café am Kurfürstendamm

mit weißem Meerrettich und so Stäbchenkartoffeln, das sind in die Länge gezogene Bratkartoffeln – und manchmal liebe ich ein Essen so, dass ich es in die Hand nehmen möchte und reinbeißen und nicht immer essen mit Messer und Gabel –«

»Was siehst du noch, was siehst du noch?«

»Ich sehe – mich in Spiegeln von Fenstern, und dann finde ich mich hübsch, und dann gucke ich die Männer an, und die gucken auch – und schwarze Mäntel und dunkelblau und im Gesicht viel Verachtung – das ist so bedeutend – und sehe – da ist die Gedächtniskirche und mit Türmen so grau wie Austernschalen – ich kann Austern essen hochfein – der Himmel hat ein rosa Gold im Nebel – es treibt mich drauf zu – man kann nicht ran wegen der Autos – ein roter Teppich liegt im Betrieb, weil am Nachmittag eine blödsinnige Hochzeit war – der Gloriapalast[40] schillert – ein Schloss, ein Schloss – es ist aber Kino und Kaffee und Berlin W – um die Kirche sind schwarze eiserne Ketten – und drüben das Romanische Café[41] mit den längeren Haaren von Männern! Und da verkehrte ich einmal Abend für Abend mit einer geistigen Elite, was eine Auswahl ist, was jede gebildete Individualität aus Kreuzworträtseln weiß. Und wir bildeten alle einen Kreis. Und das Romanische Café ist eigentlich nicht anzuerkennen. Und jeder sagt: Gott, dieses Lokal, wo diese herabgekommenen Literaten sitzen, man sollte da nicht mehr hingehn. Und gehn dann doch hin. Ich bildete mich ungeheuer, und es war, als wenn ich eine fremde Sprache lerne. Und viel Geld haben sie alle nicht, aber sie leben, und Teile der Elite spielen anstatt von Geld haben Schach, was ein kariertes Brett ist mit schwarzen und blonden Feldern. Könige sind auch dabei. Und Damen. Und es dauert lange, das ist der Witz bei der Sache, aber nicht bei den Kellnern, weil eine Tasse Kaffee nur fünf Pfennig Trinkgeld in sich birgt, und das ist sehr wenig auf einen schachigen Gast von sieben Stunden. Aber es ist die billigste Beschäftigung der Elite, da sie nicht arbeitet und sich darum beschäftigt. Und sie ist literarisch, und die literarische Elite ist ungeheuer fleißig mit Kaffee und Schach und Reden und noch so

---

40 großes Kino, direkt gegenüber dem Romanischen Café gelegen; Uraufführungskino vieler Spielfilme der 30er-Jahre
41 Berliner Künstlercafé gegenüber der Kaiser-Wilhelm-Gedächtniskirche im neoromanischen Baustil, daher der Name

Geist, weil dass sie sich vor sich selbst nicht anmerken lassen will, dass sie faul ist. Vom Theater sind auch welche und sehr bunte Mädchen, die ungeheuer sicher sind, und ein paar ältere Männer von schwankender Figur, die haben mit Mathematik zu tun. Und die meisten sind wild drauf, gedruckt zu werden. Und schimpfen alle auf alles.

Ich hatte in eine Materie zu dringen. Und habe mir eine Liste gemacht mit Fremdworten, daneben schrieb ich, was sie heißen, ich musste mir die Erklärungen manchmal selber suchen. Die Worte machen sich gut, wenn man sie anwendet. Da saßen wir als Künstler unter sich – manchmal gehen dicke Bäuche durch, die gucken nur und gehören nicht dazu, wir verachten sie. Da legte ich meinen Kopf weit zurück, während sie reden, und werfe Blicke in die Luft und höre nicht zu. Und plötzlich presse ich meinen Mund ganz eng zusammen und dann leger auf, blase Rauch durch die Nase und werfe voll Gleichgültigkeit und eiskalt ein einzelnes Fremdwort in sie hinein. Weil nämlich alle einzelnen Fremdworte in Gespräche geworfen ein Symbol sind, und ein Symbol ist das, was immer passt. Wenn man es mit Sicherheit macht, schämt sich jeder, es nicht zu verstehen. Bei einem Symbol kann einem gar nichts passieren. Aber ich habe sie dann nachher sehr über bekommen.«

»Was noch, was noch?«

»Und eine Ampel, die wechselt grün und rot und gelb – so riesige Augen und Autos warten vor ihr – ich gehe durch die Tauentzien – und Geschäfte mit rosa Korsetts verkaufen in einem auch grüne Pullover – wieso? Und Krawatten und der gestreifte Bademantel eines Mannes im Fenster – und ich gehe – es sind braune Schuhe und ein Automatenrestaurant mit Walkürenradiomusik[42] und Brötchen, wie ein Stern arrangiert – und Delikatessen, die man sich schämt, nicht zu kennen – in der Stadtküche. Und bei Zuntz[43] vorbei riecht es nach Kaffee, er liegt klein und braun in südländischen großen, schaligen Körben, es ist ja alles wunderbar – und breite Wege mit Schienen und gelben Bahnen. Und Menschen am KaDeWe[44], das ist so groß und mit Kleidern und Gold und an der Tür viele elegante kleine Hunde an Leinen, die warten auf Damen,

---

42 hier Verweis auf Musik im bombastischen Stil R. Wagners
43 bekanntes Café der 20er Jahre in der Tauentzienstraße
44 Kaufhaus des Westens, größtes und bekanntestes Berliner Kaufhaus

die kaufen drinnen – und enorm viereckig – und ein kleiner Wittenbergtempel[45], da fährt unten im Bauch die Untergrund – es leuchtet ein großes Riesen-U.

Und ein blonder Mann mit Kneifer ladet mich ein – mit Zähnen wie eine Maus und so einem widerlich kleinem Mund, der glänzt feucht und macht den Zwickermann nackend. Wir trinken Wein in einem hochbürgerlichen Lokal. Er ist Versicherungsmann und redet ohne Unterbrechung und laut ohne Hemmung und idiotisch und von seiner Mutter, der hat er einen Teppich geschenkt – und er ist betrogen worden mit einem Feuerzeug, und sie wollen es nicht umsonst reparieren – und 3,80 ist viel Geld – er wirft sein Geld nicht raus, aber abends muss er seine drei Biere haben mit Freunden, dann geht er zu seiner Mutter – regelmäßig garantiert nach dem Dritten, es gäbe welche, die wären anders, und er wäre nicht so – und er kann es nicht vertragen, geneppt zu werden, da könnte er sich aber ärgern, – und das mit dem Feuerzeug – und ich soll ihn besuchen, und er kennt Lokale, da isst man sehr billig und kriegt Kartoffeln nach und Gemüse in Haufen – er hat nämlich mal studiert, die legen Wert auf Kartoffelnachkriegen – und zittert seinen Fuß an mich ran – über das Feuerzeug käme er nicht weg – und dem kaputten Mann mit rosa Heftpflaster gibt er nichts, weil man wohin käme, wenn man jedem geben wollte. Das dachte ich auch. Er muss Arme vorher kennen – er hat nämlich schlechte Erfahrung, denn er hat mal morgens um acht einem Bettler sein Brötchen gegeben wegen verdorbenem Magen durch Fleisch mit Stich und den Wirt verklagt – und dick echte Butter drauf – und wie er runterkommt, kleben die beiden Hälften unten an der Haustür – seitdem ist er anders und gegen die Juden – und zeigt mir das nuttige Feuerzeug – und von Gandhi[46] hielte er auch nichts, und ein richtiger Mann tränke nicht immer Ziegenmilch, das ist eine Dekadenz, aber mehr als drei Bier auch nicht, wohl ein Mosel – aber nie Schnaps, weil er mal einen Freund hatte, der wurde dadurch Gerichtsvollzieher, nämlich durch Studieren auf Assessor und dann Schnaps und dann kein Examen – und das mit dem Feuerzeug – da hatte ich denn genug von dem rasierten Versicherten –«

---

45 tempelartiger U-Bahnhof im Jugendstil auf dem Wittenbergplatz
46 Mahatma Gandhi (1869–1948): Vorkämpfer für die Unabhängigkeit Indiens von der britischen Krone; vertrat eine Lehre strikter Gewaltlosigkeit

Und wir lachen, der Brenner und ich.

»Was hast du gesehen, was hast du –«

Ich packe meine Augen aus – was sah ich denn noch?

»Ich ging weiter die Ansbacher rein – da funkeln Steine in einem
5 Geschäft, welche heißen Amethyst, was sich doch direkt lila anhört, nicht wahr?«

»Und was noch, was noch?« – so'n Mief in der Küche und wann
kommt die Alte? – »Riecht so Berlin?«, fragt er, als ich ihm meine
Puderquaste vor die Nase halte – »was noch – was noch?«

10 »In der Nürnberger ist ein Lokal mit gerafften Gardinen und nur
für Russen – eine Tapete wie blaugefrorene Kirschen mit sonni-
gen Blumen – so lustig – und ein altes, russisches Moskau als Bild
und eine winzige Mutter Gottes in der Ecke. Und kleine Lampen
– ein bisschen weiß und ein bisschen rot – wenn einer sehr groß
15 ist, stößt er mit dem Kopf an die Decke. Ich bin ganz allein und
lerne die Speisekarte auswendig wegen russischer Fremdworte zu
dem Klang einer Musik. Ich trinke Gelbes, das heißt Narsan[47] – es
gibt Schachly[48] vom Kaukasus und Watruschki[49] oder so mit Käse.
Die Mädchen haben weiße, kleine Schürzen und sind hübsch wie
20 Lockenpuppen mit Kulleraugen und russischer Sprache – und
können gut durch vornehmes Gesicht jedem beweisen, sie sind
Generalfrauen. Kleine schwarze Zahnbürsten haben Männer über
Lippen – die Kapelle singt – es ist eine Sprache wie weiche, fließen-
de Mayonnaise – Gott, so süß. Die Decke ist graugrün geschibbert
25 – ich sehe, ich sehe die Generalkellnerinnen sind so hübsch – die
Musik hat Glatzen und Geigen – eine mit gelber Bluse lacht rus-
sisch – Männer sind froh ohne Frauen und betrunken ohne Wünsche und streicheln sich gegenseitig die Schultern aus besoffener
Liebe zu allem – ein querer Spiegel am Ende – man sieht blass drin
30 aus aber hübsch – sie haben tiefe Augen und braun wie die Geige
– so was täuscht – ein schöner Mann hat eine dicke Frau nach
Kaulquappenart – alte Männer geben Küsse aufeinander – zick-zack
ist die Musik – wie Pauls gesammelte Seesterne kleben getrocknete
Lampen an der Decke – die Musik ist geblümt wie ein Chiffonkleid,
35 das immer schnell zerreißt – überhaupt, Herr Brenner – sehen Sie,

---

47 russisches Mineralwasser
48 kaukasischer Schaschlik
49 süßes Pastetchen aus Russland

man sollte nie Kunstseide tragen mit einem Mann, die zerknautscht dann so schnell, und wie sieht man aus dann nach sieben reellen Küssen und Gegenküssen? Reine Seide – und die Musik –«

»Was noch, was noch –«

Reine Seide – und Hubert küsste mich mal leidenschaftlich auf die 5 Augen, vielmehr auf die Hautlappen darüber – ich hatte auf jeder Augenklappe so einen kleinen roten Fleck – und Angst zu Hause – ich durfte die Klappen nicht bewegen Sonntagmittag beim Essen – und ich gestiert, bis mir Tränen kamen – »was guckste denn, wie 'ne Verrückte«, sagt mein Vater – und ich immer die Augen starr 10 – und so stier gucke ich jetzt auch immer, weil ich so viel sehen muss.

»Hellgraue Anzüge heben schwarze Männer auf dämonisch, rote Krawatten machen sie komisch – meine Augen sind ausgesehen – Sie, Sie, Sie –« 15

»Was noch, was noch?«

»Die Frauen sind schön in Berlin und gepflegt mit Schulden.

Ich tanze, ja ich tanze – die Luft erstickt mich – ein Russe ist mit mir – das ist ein Emigrant – wie er spricht – die Worte stolpern ihm rau und weich, wie so ein Mercedesrad über holpriges Pflaster 20 rollt – er hat keine Haare – seine Augen sind jung und hart. Und so schlank. Und die Frau mit weißem Gesicht und Erdbeermund gegenüber zieht den Skunks[50] hoch über der linken Schulter so mit einer Art – die sagt glatt mit der linken Hand zu meinem Russen: ›Du Affe gehst mich ja nichts an, aber ich wollte doch – du 25 gefällst mir!‹ – so mit vornehmer Verachtung. Du Biest! denke ich – ›interessante Frau‹ sagt der Russe. ›Krumme Beine leider‹, sage ich kalt. – ›Wie sehen Sie das?‹ ›An der ängstlichen Art, wie sie ihr Glas festhält und mal zur Toilette will und sich nicht traut.‹ – Na, wenn mir eine was will, kann ich sie vielleicht vornehm schlecht 30 machen, ohne Ahnung und einfach drauf los, da kriege ich einen Verstand. Und küssen uns beim Tanzen – in einer Bar – Cocktails sind auch bunt – wie gebleichte Zitronenfalter – man kriegt Kopfschmerzen nach –«

Es knackt der hölzerne Schrank, und Brenner legt seinen Kopf auf 35 meine Schienbeine: »Ich weiß dich ja, ich brauche dich nicht zu sehen.«

---

50 Fell des Skuks = amerikanisches Stinktier, wertvoller Pelz

Ich denke seine Worte, ich habe doch keine Zeit, Worte zu denken – ich habe viel Liebe und kann davon abgeben, aber man muss mich zuerst wollen lassen. Tilli weint wegen einer Untreue an ihrem Mann – weil es auch genau so gut eine andre hätte sein können bei ihm.

Ich sage da nur: Tilli, ich erkläre dir hiermit, wenn du das überlegst überhaupt, hätte es auch bei dir genau so gut ein andrer sein können, das kommt aufs selbe raus – »und Liebe ist zufällig zusammen betrunken sein und aufeinander Lust haben und sonst Quatsch.«

»Liebe ist mehr«, sagt Brenner.

»Liebe ist allerhand und Verschiedenes«, sage ich.

»Liebe ist kein Geschäft«, sagt er.

»Hübsche Mädchen sind ein Geschäft«, sage ich, »was hat das mit Liebe zu tun« – ich weiß ja, ich weiß ja – Liebe – ja – aber ich will nichts wissen, ich will nicht.

»Aber ich habe eine Sehnsucht«, sagt der Brenner – wieso werden seine Augen noch toter? Ich werde ihn küssen.

Ich hab dich lieb – braune Madonna – heilige Mutter Gottes bitt für uns – die gestorbenen Augen sagen mir: »Doris, es ist so weit, übermorgen komme ich in ein Heim.« Denn die Frau schafft's nicht mehr und wollte es so, jetzt tut's ihr Leid, denn ihr Reich eines Kaisers ist zu Ende, indem sie keine Untertänige mehr hat. Allein Kaiser ist nämlich keiner.

Wir sind in der Küche zu drei. Er auf dem Stuhl und gestützt und die Frau am Herd und ich vorm Bett – stehen da – »Frau Brenner, Ihr Mann – will einen Abend – durch die Straßen – ich will ihn führen – denn er kommt ins Heim – da sieht er nichts mehr« – sage ich. Er ist stumm – und hat mich gebeten vorher. An meiner Brust ist ein Veilchenstrauß – von einem Gestrigen geschenkt – der atmet ganz blau in die Küche. Sie steht da, seine Frau – mager und lang mit Raffzähnen: »Ich gehe mit ihm.«

Die Stimme schlägt meine Veilchen tot: »Er geht mit mir, ich bin seine Frau.«

»Ich gehe mit ihm, ich kann ihm viel zeigen.«

Und er ist still. Da war ein Kampf über ihn weg. Männer sind alle feige. Da schreit seine Frau: »Was habe ich alles für ihn getan!«

Was nützt das schon. Er sieht uns ja nicht – aber sie riecht alt – und ich rieche jung. Ich liebe ihn nicht, ich kämpfe aber um unseren Abend, denn er will es, meine Knie fühlen es. Nämlich, weil es doch für eine Frau vielleicht das größte Geschenk ist von einem Mann, gut sein dürfen zu ihm. Weiter nichts. Und da danke ich 5 ihm eben, dass er mich gut sein lässt zu sich, denn sie lieben ja sonst nur die Bösen. Und es ist viel anstrengender, böse zu sein. Die Küchenstimme macht meine Veilchen tot, die sterben in meine Haut rein. Und da kämpfe ich für seine Wünsche, denn er ist müde. Mein Kind. Mir flattern Worte: »Liebe Frau, was dir 10 gehört, gehört Ihnen – bitte ein Abend – mal frei – und wieder-kommen – ich bitte –« Quatsch, bitten! – so eine schreit ja doch nur durch gelbe Zähne jeden Pfennig raus, den sie verdient hat. Ich will nu' mal – mein Kind – haben Sie keine Angst – ich habe noch Geld, wir können überall hin. 15
»Na, kannst ja wählen« schreit das gelbe Gezahn. Arme Männer, immer wählen – Hindenburg – Frauen – Kommunisten – Frauen –. »Hören Sie, Frau, nur einen Abend und nur drei Stunden – noch genug Stunden für Sie – so viele« – hängen ihre Hände vor mir mit so rostiger Haut –. »Ja«, sagt sie. 20
Und nun komm – wir gehen – durch Berlin – wir fahren im Taxi – seine Haut riecht nach schwarzweißen Birken vor Glück, weil die ja gar nicht riechen – die sieht man nur, und er kann ja nicht sehen – darum riecht er danach.
»Es ist schwer, etwas Totes mit sich herumzutragen«, sagt er. Ja, 25 mein Onkel hat einmal eine ertrunkene Leiche getragen vom Fluss rauf und nachts und sagte: Leichen sind schwer. Ist denn auch alles Schwere Leiche? Steigen wir aus und gehen wir weiter – zu einer Musik – und war jung und ertrunken im Paddelboot und wei-ßem Sweater. Und hatte ein Mädchen. Und es schien ein Mond, 30 den hatte die Sonne geliehen – gehen wir weiter.
Wir trinken Wodka in einem Russenlokal, es gibt einen Schnaps hier, der schmeckt nach Wiese – »und weißt du, die Tapete, das sind lauter Blumen, die lachen sich tot«, – ach, ich liebe dich, weil ich gut zu dir bin. 35
Und gehen wir weiter – harter Wind und Stimmen und Straßen – »kann man riechen, wenn es dunkel wird?« Etwas in mir weicht in lauter Ruhe auf – ich halte seine Hand – und er hat Vertrauen,

wenn ich ihn führe – so darf ich nicht werden, wie komm ich denn weiter? Wir wollen was essen.

Wir gehn in ein Lokal am Wittenbergplatz, man sitzt am Fenster. Er muss zu mir sprechen, sonst weiß ich nicht, dass er Freude hat, denn die Augen sind doch stumm und der Mund bitter geboren, und es hat nur noch seine Sprache ein Licht. Und es schimmern durch den Spalt von dunkelgrünen tannigen Vorhängen die sehr roten Lichter einer Reklame – von weitem.

»Bist du auch froh?« Ja doch, Bier ist gut für den Durst – »schmeckt es blond?«

Gehen wir weiter – ich habe Angst, dass er sich nicht freut, aber in seinem Arm liegt ein Zutrauen. Ich bin ihm die Rettung vor Übergängen – von Straßen.

Saugt er Luft und fragt: »Scheinen Sterne?«

Ich sehe danach.

»Ja, es scheinen Sterne«, lüge ich ihm und schenke ich ihm – es sind gar keine Sterne –, aber sind dann doch wohl hinterm Himmel und scheinen mal eben nach innen, indem man sie umdrehte. Ich habe Sterne sehr gern, aber ich merke sie fast nie. Wenn man blind wird, weiß man ja wohl erst, dass man furchtbar viel vergessen hat zu sehen.

Und dann in ein Kaffee – ich schenk mein Herz nur dir allein – der Geiger, wie der singt! Wir essen was Süßes, das schmeckt ganz rosa – sei doch glücklich – ich will zu sehr wollen, das macht mich betrunken.

»Doris – ein Wald«, sagt er.

Wald! – sind ja doch in Berlin. Ich sehe jetzt keinen an – ich lebe doch jetzt für dich – da drüben der Kerl – lebe für dich, was mir ein Konfirmationsunterricht ist, den ich immer geschwänzt habe und statt dessen getanzt – was geht einem denn auch der liebe Gott an, solange man noch drüber nachdenken muss, wie nun Kinder wirklich gemacht werden – und man erfährt dann ja doch alles früh genug.

Wenn er doch sprechen würde! – wir wollen weiter – manchmal kommt jetzt ein halber Stern – aber doch nichts gegen die Reklame – und um uns Gesause, ich mache mal einen Augenblick meine Augen zu an der Haltestelle vom Omnibus – wie das alles in einen dringt – so viel Lautes – er wird immer stiller – gehn wir ins Vaterland[51], da muss einer doch wach werden. Und rein in den Omnibus, der springt mit uns übers Pflaster und ist doch so groß und dick – hopp, ein Ruck – und so voll, alle atmen sich an – und aus Polstern ein Dunst. Berlin, ich zeige ihm doch Berlin.

Im Vaterland sind toll elegante Treppen wie in einem Schloss mit Gräfinnen, die schreiten – und Landschaften und fremde Länder und türkisch und Wien und Lauben von Wein und die kolossale Landschaft eines Rheines mit Naturschauspielen, denn sie machen einen Donner. Wir sitzen, es wird so heiß, die Decke fällt – der Wein macht uns schwer – »ist es denn nicht schön hier und wunderbar?« Es ist doch schön und wunderbar, welche Stadt hat denn so was noch, wo sich Räume an Räume reihen und die Flucht eines Palastes bilden? Die Menschen sind alle so eilig – manchmal sind alle blass im Licht, dann sehen die Kleider von den Mädchen nicht bezahlt aus, und die Männer können sich den Wein eigentlich nicht leisten – ob denn keiner glücklich ist? Jetzt wird doch alles dunkel – wo ist denn mein helles Berlin? Wenn er doch nicht immer stummer würde.

Wir wollen fort. Ich kenne was Wunderbares im Westen, da ist es teuer – aber ich kann es wohl noch. Das ist ein sehr vornehmes Lokal für nachts und italienisch und Künstler – mit den Eliten war ich mal da –, da trinken sie einen Wein direkt aus Italien und sind wunderbar betrunken, und toll interessante Frauen manchmal und feine Leute und alles geheimnisvoll mit niedriger Decke und dunkel – da braucht sich keiner genieren, mal anders zu sein wie am Tage. Und frage ich: »Bist du müde?«

»Nein, ich bin nicht müde – ich danke dir – glaubst du, im Heim wird ein Garten sein?«

»Ja«, sage ich, »es wird ein Garten sein.«

Ich könnte heulen. Gehen wir – alles sieht anders aus – und vorm Vaterland schlägt einer ein elendes Mädchen – die schreit – und es kommt ein Schutzmann – viele stehen und wissen nicht wohin, und es ist kein Glanz und keine Menschen – lauter gestorbene Grabsteine gehen – und wenn man sich ansieht, will man was voneinander – aber warum denn nichts Gutes? Seine Beine bewegen sich schwer, und über mir lagert ein Druck, der kommt von ihm und ist jetzt auch in mir.

---

51 berühmtes Berliner Varieté und Gesellschaftshaus

Wir sind dann im Italienischen – man darf hier nicht merken, dass er nicht sieht, dann würden sie böse, weil es die Fröhlichkeit stört. »Hier ist es doch schön, nicht wahr?« So ganz mosaikische Lampen und ruhige Ecken, aber nicht etwa so Knutschecken, viel vornehmer und was Dunkelrotes über allem – es singt die Musik und ein interessantes Büfett mit Apfelsinen wie vergessene Sonnen.

Ein Mädchen von Sankt Pauli – ein Mädchen von der Reeperbahn. »Donnerwetter, das hat Schmiss«, würde Therese sagen, weil Ihrer das immer gesagt hat – und ist somit ein Satz das einzige, was sie noch von ihm behalten hat. Ich heule gleich los – und erzähle ulkige Sachen – meine Stimme flackert wie Feuer, das ausgeht – er lacht mit viel Mühe und sagt: »Es ist herrlich.« Aber ich glaube ihm nicht.

Und verliebt ist er auch nicht, das wäre ja sonst noch die Rettung der Stimmung – aber wir sind ganz eingeschlossen in einen kalten Kreis, der lässt nur noch unseren Kopf zueinander denken und sonst nichts – und manchmal ist mir, als fliegt er mir fort auf einem Haufen von ganz weißem und kaltem Schnee – und ich friere mich wieder tot vor Alleinsein – jetzt muss er mir doch mal helfen – und wenn er im Heim ist, und man sieht sich nicht mehr, soll er doch dreimal jeden Tag gute Gedanken für mich haben – das würde viel für mich ausmachen, ich würde das dann so beruhigend in mir wissen – aber vielleicht ist so was auch schon zu viel verlangt.

Es kann nämlich auch sein, dass ich ihn doch etwas lieb gehabt habe – ich will ja nur nicht und wehre mich da immer wegen meiner Karriere und weil es nur Leid ist. Aber was will man machen, man merkt's immer zu spät, wenn im Bauch was anfängt, so blödsinnig weh zu tun – meine Hand kann er eigentlich mal nehmen. »Die Stadt ist nicht gut, und die Stadt ist nicht froh, und die Stadt ist krank«, sagt er – »du bist aber gut und ich danke dir.«

Er soll mir nicht danken – er soll nur mein Berlin schön finden. Und jetzt sieht mir alles ganz anders aus – ich bin betrunken und träume wach – ein Mädchen von Sankt Pauli, ein Mädchen von der Reeperbahn … und die Musik ginge eigentlich lieber nach Hause – und so'n Reeperbahnmädchen ist eigentlich ein viel zu armes Luder, als dass sie das so rausjubeln brauchen. Und manchmal lacht einer – und stopft sich mit seinem Lachen den ganzen Ärger von gestern und morgen in den Mund zurück, indem der rausquillt. Und ich mache die Augen zu – da sind Reden aus vielen Mündern, die fließen aufeinander zu wie ein Fluss mit ertrunkenen Leichen, das sind ihre lustigen Worte, die sind schon versoffen, bevor sie beim Ohr vom andern sind und kommen tot an – und hat mein Onkel mal einen getragen – und weißer Sweater, und der 5 Mond schien – warum mussten wir daran denken vorhin?

In Sankt Pauli bei Altona bin ich verlassen worden ... die Lieder sind ja doch schön – und am Nebentisch lernen zwei Männer und eine Dame sich kennen und machen sich bekannt und gucken sich an mit freundlichem Misstrauen und glauben zuerst mal alles 10 Schlechte von sich gegenseitig.

Ich rede mit ihm und will nu mal endlich ein Wort finden, mit dem ich dann bei ihm bin – ach, ich kann nicht mehr – gehen wir weg – was ist denn in mir? Ich will das tot machen. Betrunken sein, mit Männern schlafen, viel Geld haben – das muss man wollen, 15 und nichts anderes denken, wie hält man es sonst denn aus – was ist denn wohl nur kaputt auf der Welt?

Und draußen noch immer keine Sterne. Wir gehen – eigentlich lügt die Gedächtniskirche, dass sie eine Kirche ist – denn wenn sie es wäre, müsste man jetzt doch rein und mal dableiben. Wo ist 20 denn nur Liebe und etwas, was nicht immer gleich entzwei geht?
– so betrunken, ich muss aber doch Acht geben – auf ihn – und so ein fremder Arm – zurück zu seiner Frau – in die Küche.

»Es ist eine gute, einsame Luft jetzt«, sagt er – und am Kurfürsten-damm wird sie wieder voll, die Luft. Dann sind an einer Ecke vier 25 Stimmen von jungen Männern, die haben ein musikalisches Instru-ment und singen zu vieren mit großer Hoffnung in der Stimme: das ist die Jugend – das ist die Liebe ... Und wir stehen und hören zu, weil sein Arm einen Ruck zum Halten machte – und die sammeln dann und sind feine Jungs mit einem glücklichen Gesicht, weil sie 30 sich gar nicht kaputt machen lassen werden und gar keine Angst haben und gehen ganz sicher. Und singen wieder, und alles ist jung in den Stimmen – aber ich bin doch auch noch nicht alt?

»Das ist schön«, sagt er und atmet die Stimmen und die Luft und halben Sterne – und kramt dann aus seiner Tasche gesparte Pfen- 35 nige für Tabak fürs Heim und gibt sie den Jungens – und sagt: »Das war schön so vier junge Stimmen, die zusammenhalten und Kraft haben und ein Leben – in der freien Luft – das war schön.«

Aber dazu hätten wir ja doch nicht so weit und überall hingehn brauchen. Und er versucht plötzlich stark und allein zu gehen – wie kann ich ihn das denn lassen – ! – aber ich bin jetzt sehr müde.

Ist doch der Rannowsky aus unserm Haus, der ein Wort ist, das ich
5 mich schäme, aufs Papier zu geben, verhaftet, weil er eine von sich
halb tot gehauen hat und sie ihn angezeigt. Und jetzt geht sie immer an uns vorbei rauf und heißt Hulla und hat ein ganz breit ausein- andergelaufenes Gesicht und gelb gefärbtes Haar. Und nur eine Blonde kann so richtig gemein aussehn, dass man nicht begreift,
10 wie ein Mann mit solcher. Und trägt billige Jumper, eng und ganz aus Wolle, was ihre Formen auf ordinäre Art ausprägt. Hält sie mich auf der Treppe an und spricht mit mir, und mir wurde unheimlich, denn es war mir doch eine furchtbar fremde Unterwelt, und so weit kann man kommen. Aus Angst war ich freundlich und auch, weil es
15 sonst niemand mit ihr ist. Ich war gegen sie ein Glanz.
Das ist komisch: Jeder Glanz hat über sich noch einen höheren Glanz. Und sie zitterte und bat mich um Geld für Futter für die Goldfische, denn sie kann nicht gut verdienen, weil ihr Gesicht bedeckt ist mit Leukoplast. So hat er sie zerschlagen.
20 Und nun sitzt er. Und schreibt ihr drohende Briefe, um für die Goldfische und besonders Lolo zu sorgen: »Sorge für die mir ge- liebten Tiere, Weib, anderenfalls krache ich dir die Rippen im Leib kaputt, wenn ich rauskomme.«
Da sind wir gegangen, die Tiere betrachten, und sie schwammen
25 rot und stur, und Lolo fett und faul. »Wenn er nur nicht krank ist!« schrie Hulla mit ganz spitzem Schrei wie ein Pfeil und sah zum Fürchten aus mit ihrem Gesicht voll Leukoplast.

Tilli ihr Albert ist aus Essen zurück. »Aber bleibe doch« – sagt sie mir.

30 Manchmal fasst er meinen Arm so mit geminderter Kraft, dann hört mein Alleinsein auf. Aber ist doch Tilli ihrer.

Ich habe es erreicht. Ich bin – o Gott – Mutter, ich habe eingekauft: ein kleines Pelzjackett und Hüte und feinste Zervelatwurst – ist es ein Traum? Gewaltig bin ich. Ich bin so voll Aufregung.

»Wollen Sie bitte meinen Kimono aus reiner Seide auslüften«, sage ich zu meiner Zofe, die immer als Putzfrau kommt.

Und er ruft an und sagt: »Puppe, mach dich schick, wir gehn in die Skala heut abend.«

Und eine Zimmerflucht am Kurfürstendamm. Ich bade manchmal drei Stunden hintereinander mit edlen duftenden Salzen im Wasser.

Er ist eine fröhliche rosa Kugel. Ich lernte ihn kennen in einem Kaffee Unter den Linden, wo eine hochklassige Musik herrscht. Ich sah ihn an, er sah mich an. Ich sah einem Mädchen ähnlich, das er auf der Schule geliebt hat – es muss dreihundert Jahre her sein – so alt ist er, aber das wirkt gerade beruhigend.

Ich gehe auf Teppichen. Mein Fuß versinkt, indem ich das Radio anstelle: die Liebe, die Liebe ist eine Himmelsmacht. Und ich bin ja sooo schön. Und muss fast weinen, denn jetzt weiß ich mit meiner Schönheit nicht wohin – für wen bin ich schön? Für wen?

Er hat eine Firma, die kämpft, und so tröstliche Augen.

»Alexander«, sage ich zu ihm, »Alexander, mein Herzblatt, mein runder kleiner Edamer, ich bin ja sooo glücklich!«

»Hast du mich auch ein bisschen lieb, meine Taube, und nicht nur mein Geld?«, fragt er voll Angst – und das rührt mich so, dass ich ihn wirklich ein bisschen lieb habe.

Alexander erzählt mir stundenlang von sich als Kind und ich höre zu, denn ich durfte Therese von seinem Namen aus das geliehene Geld und ein Koffergrammophon mit achtzehn Tauberplatten schicken und einer von mir, darauf sprach ich bei Tietz: Therese, ich liebe dich und vergiss mich nicht, vielleicht werde ich eine Kanone beim Film, denn Alexander umwirft mich mit Toiletten und findet mich furchtbar talentvoll, ich fahre mit einem Mercedes, und sogar meine Fußnägel sind gelackt, und ich bilde mich geistig und sage manchmal »c'est ça olala«. Und bin eine Dame. Meine Hemden sind aus Crêpe lavable aus Paris mit handeingestickten Motiven, ich habe einen Büstenhalter, der hat 11 Mark 50 gekostet, und ein Paar Schuhe, die Modelle sind aus echt Straußenleder. Warum könnt ihr mich nicht sehen? Gnädige Frau wünschen? fragt mich Alexanders Chauffeur. Auf Wiedersehen, meine Therese.

Einmal wollte meine Mutter einen Wellensittich. Ich ließ ihr somit neun ganze Wellensittiche überweisen und Kristallflakons und Wäsche und alles. Therese auch. Ich habe eine Art von Heimweh – und bin so vornehm, ich könnte Sie zu mir sagen. Ich nehme den Hörer vom Bett aus mit seidiger Steppdecke und drehe eine Nummer und sage: »Alexi, meine rote Morgensonne, bringe mir ein Pfund Sarotti, bitte!«

»Gemacht, Puppe«, sagt er, und ich verbleibe ruhend und im Spitzennachthemd oder Negligé. Manchmal ist es mir eine Winzigkeit langweilig. Aber doch schön. Ich habe Tilli ein Paddelboot geschenkt.

Alex sagt: »Komm, Puppe, wir trinken Sekt. Mickymäuschen, du siehst ja wie eine Tauperle aus.« Er ist ein Mann mit Schliff, wenn auch klein und dick. Alle seine Freunde – lauter Großindustrien, sagen: »Alter Schäker, woher hast du die schöne Frau?«, und küssen mir die Hand.

Alexi ist so nervös, ich sage ihm: »Kind, du musst ausspannen, fahren wir in ein Bad.«

»Lass man gut sein, Maus, die Zeiten sind schwer«, sagt er und redet die ganze Nacht voll Hast – so nervös ist er.

»Konsultiere einen Arzt, mein Schatz«, sage ich ihm, aber er will nicht hören.

Die Wohnung ist so fein, der Chauffeur ist so fein, alles ist so fabelhaft, ich wandle durch die Räume. Und es sind Tapeten von dunkelroter Farbe – so toll vornehm – und Eichenmöbel und Nussbaum. Es sind Tiere mit Augen, die leuchten, und die knipst man elektrisch an, dann fressen sie Rauch. Und Klubsessel, die haben kleine Aschbecher umgeschnallt wie Armbänder – so eine Wohnung ist das.

Und dann tue ich etwas ganz Großes. In meinem Negligé, das meine Füße seidig umwallt und meine Knie streichelt, bewege ich mich vor und hebe ganz langsam meine beiden Arme, die von Spitzen überstürzt werden – und an meinen Füßen rosa seidene Pantoffeln mit Pelz dran – und dann hebe ich meine Arme wie eine Bühne und schiebe die große Schiebetür auseinander und bin eine Bühne. Ich glaube, dass eine Schiebetür das äußerste an Vornehmheit ist. Und schiebe sie wieder zusammen und gehe zurück und tue es noch mal – und bin eine Bühne mindestens zehnmal jeden Vormittag.

So ein Leben, so ein Leben.

Eine Tasche aus echt Krokodil gesehn – schon gekauft.

Ich überwältige mich.

Auf einmal versteh ich dem Rannowsky seine Weiber und die
Hulla mit dem Leukoplast. Was soll das Leukoplast mit Geld nur   5
für sich? Und wenn da immer Männer sind und sind keine – nur
Automaten, man will was raushaben aus ihnen – nur was haben
und kriegen und wirft sich selbst dafür rein – dann will man auch
einen, der kein Automat ist, dem man was gibt. Ich lese jetzt auch
wieder viel Romane.   10

Ich bade sehr viel.

Wenn dem Runden seine Frau kommt von der Reise, muss ich
wieder raus aus der Wohnung. Was ist eine Gesellschaft? Bin ich
jetzt eine Gesellschaft? Ich habe weiße Seidenschuhe von Pinet zu
vierzig Mark und kann olala-c'est ça, dass jeder denkt, ich spreche   15
perfekt Französisch.

Sagt er mir: »Puppe, sei mir treu, ich muss dich diesen Abend dir
selber überlassen.«
Tilli war nicht zu Hause. Ich ging in Lokale. Mein Feh. Ich mochte
müde sein, es ging nicht.   20
Liebe Mutter, gestern war Sonntag, und da hast du vielleicht sicher
Rotkohl gekocht, und hat es wieder im Zimmer so nach Essig gestunken? Aber meine Mutter nimmt immer den besten Essig.
Mein Kopf war ein leeres, schwirrendes Loch. Ich machte mir
einen Traum und fuhr in einem Taxi eine hundertstundenlange   25
Stunde hintereinander immerzu – ganz allein und durch lange
Berliner Straßen. Da war ich ein Film und eine Wochenschau.
Und tat das, weil ich sonst in Taxis fuhr nur immer mit Männern,
die knutschten – und mit welchen, die ekelten mich, dann muss-
te ich alle Kraft zur Ablenkung brauchen – und mit welchen, die   30
mochte ich, dann war es ein fahrendes Weinlokalsofa und kein
Taxi. Ich wollte mal richtig Taxi. Und sonst fuhr ich auch mal al-

lein, wenn mir einer das Geld gab für nach Haus mit zu fahren –
dann saß ich nur so mit halbem Hintern auf dem Polster und
immer stierende Augen auf der Taxiuhr. Und bin heute allein Taxi
gefahren wie reiche Leute – so zurückgelehnt und den Blick mei-
5 nes Auges zum Fenster raus – immer an Ecken Zigarrengeschäfte
– und Kinos – der Kongress tanzt[52] – Lilian Harvey[53], die ist blond
– Brotläden – und Nummern von Häusern mit Licht und ohne –
und Schienen – gelbe Straßenbahnen glitten an mir vorbei, die
Leute drin wussten, ich bin ein Glanz – ich sitze ganz hinten im
10 Polster und gucke nicht, wie das hopst auf der Uhr – ich verbiete
meinen Ohren, den Knack zu hören – blaue Lichter, rote Lichter,
viele Millionen Lichter – Schaufenster – Kleider – aber keine Modelle – andere Autos fahren manchmal schneller – Bettladen – ein
grünes Bett, das kein Bett ist, sondern moderner, dreht sich rings-
15 um immer wieder – in einem großen Glas wirbeln Federn – Leute
gehen zu Fuß – das moderne Bett dreht sich – dreht sich.
Ich möchte gern furchtbar glücklich sein.

Gott sei Dank konnte ich außer meinem Feh noch die Krokodil-
lederne, die weißen Seidenschuhe und einen Koffer mit einem Teil
20 mir gehörender Sachen retten. Als unerwartet seine Frau vormittags kam, lag ich noch im Bett. Ich sagte dann nachher meiner
Zofe, ich ließe die gebrauchte Eau de Cologne zurück, um ihr auf
die Stirn zu schütten. Ich ging aufs Postamt, um den Runden anzu-
rufen im Geschäft. Er ist verhaftet. Wieso? Wegen Geld sicher. Aber
25 es werden gerade die feinsten Leute heutzutage verhaftet.
Ich bin zu Tilli und schenkte ihr die weißen Seidenschuhe, sie
wertet sie nicht hoch genug, aber auch ohne das hätte sie mich
aufgenommen. Darum, weil ich das wusste, habe ich ihr die Schuhe geschenkt!
30 Was nun? Tillis harter Albert geht stempeln, Tilli geht putzen bei
Ronnebaums.

Ich habe die Krokodilene weit unter Preis verkauft.

Immer dasselbe, immer dasselbe.

---

52 Titel eines dt. Spielfilms (1931), u. a. mit L. Harvey
53 Lilian Harvey (1907–1968): engl.-dt. Schauspielerin

Ich treffe das Leukoplast auf der Treppe. Ich habe in meinem
Bauch einen Wunsch, von allen Menschen gemocht zu werden.
Das ist immer, wenn einen keiner richtig mag.
Der Albert fasst mich beim Arm manchmal. Tilli liebt ihn. Sie muss
morgens fort. Ihr Blick liebt mich nicht mehr. Männer sind alle 5
egal. Der Harte langweilt sich. Keine Arbeit. Tilli fort. Ich da. Und
neu sozusagen. Manchmal wünscht mein Kopf, an seinem Arm zu
sein, darum steh ich ganz früh auf und geh mit Tilli aus dem Haus
und spazieren.

Bald ist Weihnachten. 10
Immer ist Krach und Druck in der Wohnung. »Nein«, sagt Tilli,
»du sollst Alberts Hemden nicht plätten.« Dann weinten wir nachher beide und küssten uns.

Aber ich habe sie doch vorhin noch gesprochen. Tot. Aber sie war
freundlich. Die Hulla ist tot. Der Rannowsky. Der kam morgens 15
raus. Der hauptsächliche Goldfisch hieß Lolo. Der Lolo ist gestor-
ben, weil der Rannowsky der Hulla eine Narbe gemacht hat am
Mund, die nie mehr weggeht – das sagte der Arzt. Ist sie zu den
Goldfischen und hat Lolo genommen und auf die Erde gelegt.
Kommt sie die Treppe runter, schreit sie nach mir. Gehn wir zu- 20
sammen rauf, sag ich: »Aber Fräulein Hulla!«
Da liegt der Lolo auf einem Zeitungspapier. Fällt sie mir auf den
Boden, schreit sie: »Tu ihn ins Wasser, mach ihn lebendig, tu ihn
wieder ins Wasser!« Ich tu ihn ins Wasser. Sein Bauch liegt oben.
Sagt sie: »Ich wollte es nicht.« 25
Ihr Kopf wackelt – wir wollten es nie. Etwas ist sehr streng mit uns,
dass es macht, dass passiert, was wir gelogen haben zu wollen und
gar nicht wollten. Wir haben geweint um das Tier. Wir haben eine
Zigarette geraucht und wieder geweint um das Tier.
»Ich habe ihn gefüttert«, sagt Hulla, »und heute nacht hat mich 30
einer gefragt, was hast du im Gesicht, bist du krank? Ich habe ihn
gefüttert. Fragt er mich, bist du krank? Ich wollte drei Mark, ich
muss neue Strümpfe –«
Zeigt sie mir ihre Strümpfe mit Laufmaschen noch und noch.
Und weiter: »Wir hatten es ausgemacht: drei Mark – und dann 35
2,50 – und wollt nur drei Mark und hab mal von einem vor drei

Jahren vierzig gekriegt – und so was Ungerechtes!« Das fand ich auch. »Und dann beim Arzt: Es geht nie mehr weg, mein Gesicht hat was Krankes und nur 2,50 – da hab ich gehasst, und man kann nicht ran an die, die man hasst, da macht man kaputt, was man liebt, wo man ran kann.« Und der Rannowsky, den hasst sie – ja den.

Und immer schwamm oben der Fisch, drei andere Tiere stießen die Schnauzen dagegen. Der Bauch von dem Toten war blass. Auf dem Boden die fette Hulla und betete. Und furchtbare Angst – »sorge für die mir geliebten Tiere, Weib ...« – er ist so rabiat.

Und ich sag: »Hulla, ich hole einen Kognak!« – sie war ja ganz zerschmettert.

Und Tilli nicht da. Sag ich: »Albert, gib mir die Flasche bitte!« – Ist er betrunken und packt mich – ich sage: »Nein – Albert – bitte – der Goldfisch –!«

Aber warum hat ihm der liebe Gott so eine Art von Hauch gegeben, die mir gefällt – und ich sowieso verrückt aufgeregt. Seine Augen. Nur ein Augenblick. So ein Gerenne auf der Treppe. Nur einen Augenblick. Tilli – Hulla –! und wie ich raufkomme, da sind viele Leute. Im Zimmer Rannowsky. Und Hulla springt aus dem Fenster, wie er die Tür aufmacht.

Manchmal gibt es Spiegel, in denen ich eine alte Frau bin. So ist das in dreißig Jahren.

»Aber ich sage nicht, du sollst fortgehn, ich sage es ja nicht, aber bleibe doch« – sagte Tilli. Da bin ich gegangen. Wo ich ein Dorn bin in ihrem Dasein und sie so anständig war zu mir. Ich habe mir ein möbliertes Zimmer gemietet für ein paar Tage – solange ich Geld habe.

Die Wirtin ist eine Schweinerei, und das Treppenhaus ist eine Schweinerei und das Klosett, was in einem mit eine Besenkammer ist ohne Licht und alles. Überhaupt ein möbliertes Zimmer! Wie man da auf gemeine Art allein ist. Es ist mir jetzt schon alles egal, ich gehe aufs Ganze. Es gibt so viele Männer, warum nicht für mich auf einmal? Ich bin das alles so satt. Wenn sie Geld haben, haben sie blödsinnige Frauen und werden verhaftet, ist das Moral? Es muss doch noch anderes geben auf der Welt.

Ich sage dem alten Reff[54] von Wirtin: »Frau Briekow«, sage ich, »was heißt es, wo sind meine Taschentücher mit M eingestickt?« Ich habe sie selber gestohlen und brauche sie mir von so einem Klumpen riechendes Rossfleisch von Wirtin nicht noch mal stehlen zu lassen. In mir wacht jetzt eine neue Energie. Nur angemeldet 5 darf ich nicht werden. Ich kann nur sagen, für mein Teil habe ich von Polizei noch nicht viel Freude gehabt. Ich muss jetzt meine Chancen ausrechnen.

Furchtbar kalt im Zimmer. Dieser verrückte Albert! Die ganze Last kommt von den blödsinnigen Kerlen. Andererseits braucht man 10 sie ja wieder. Ekelhaft. Also ich könnte noch Film versuchen. Dann kann ich mich ins Film-Kaffee setzen von morgens bis abends, jahrelang. Eines Tages entdecken sie mich für Statisterie zu machen als verhungerte Leiche. Dreckbande. In mir pufft die Wut wie ein Motor. Ich bin gebläht voll Exaltierung. Fünf Pfennig extra für ein 15 Töpfchen warm Wasser nimmt sie, die Briekow. Wo es mir nicht um die fünf Pfennig geht, aber um die Gemeinheit. Nächstens stellt sie sich noch in ihre Besenkammer von Klosett und will jedes Mal einen Groschen. – Ich könnte ja auch Bardame werden. Neulich war ich mit der Raupe in einer. Im Café des Westens[55] klebte sich 20 die krumme Latte an mich ran – gewürfelter Anzug und getupfte Krawatte, mehr Öl als Haar auf'm Kopf und zwei Cherry Brandy, und ich mit echt Straußlederschuhen zu über vierzig! Hocken da die Mädchen einzeln auf ihren Hockern wie gerupfte Hühner auf der Stange, die erst mal eine Biomalzkur machen müssen, ehe dass 25 sie wieder ein Ei legen können. Und davor so Kerle – wie sinnliche Hasen, die Männchen machen. Und reden! Das muss man gehört haben. Für drei Groschen Trinkgeld reden die acht Stunden vor einem Eierkognak – alles gelogen natürlich. Neckisch werden sie auch – und die Witze muss man sich anhören! Unter einer Mark 30 würde ich nicht lachen, wenn ich Bardame wäre. Toiletten hätt ich ja noch. Aber leider kein schickes Abendkleid. Ich geh jetzt mal zur Post, den Lippi Wiesel anrufen, der mich ja damals liebte. Er ist einer von den Eliten, aber nicht so arm, weil fest bei einer Zeitung, und sitzt dicke drin. 35

---

54 verächtlich für: altes Weib
55 Berliner Künstlercafé Ecke Kurfürstendamm/Joachimsthaler Straße

Rufe ich den Lippi Wiesel an, der nebenbei auch so aussieht. Und hatte mir vorher einen Plan gemacht, weil ich doch da in der Klicke als was Vornehmes galt.

Und sage so mit geruhter Stimme: »Hallo, Lippi – ja, wie geht es
5   – ja – sag mal, kennst du Schweden?«
Sagt er: »Ja.«
Sag ich: »Da wollt ich nämlich erst hin.« Sag ich: »Kennst du Griechenland?«
Sagt er: »Ja.«
10 Sag ich: »Da hatt ich auch erst vor hinzufahren.«
Überleg ich mir, was es für Länder noch gibt, wo das Schwein wohl nicht gewesen ist, denn ich hatte meinen Plan und musste imponieren. Frag ich: »Kennst du Bulgarien?«
Sagt er: »Nein.«
15 Und ich denke: dein Glück! – und fang an zu erzählen: »Also, da war ich doch jetzt in Bulgarien, mein Vater hatte mit der Regierung da heimlich zu tun – ja, ich bin ganz kurz erst wieder hierzulande, nein, mein Vater ist noch da. Ich hatte da eine Geschichte mit dem Erwerbsminister – furchtbar unangenehm – wenn man da nämlich
20 einen Mann auf den Fuß tritt, heißt das gleich, man will was Ernsteres mit ihm anfangen – wusste ich doch nicht – und ist mir aus Versehen passiert. Sagte denn mein Vater: Tochter, schneide die Konsequenz oder fahre ab, sonst zerstörst du mir alles Geschäftliche – und er roch nach Gummi, alle riechen da nach Gummi – ein
25 sehr schönes Land sonst – in den Kaffees die Tische mit echtem Gold teilweise eingefasst – und die Kellner in roten Samtkleidern fragen sofort: carabitschi – das heißt: Ihren Namen – sagt man ihn – bringt er gleich eine Kaffeekanne, auf der glühen dann elektrisch entzünden die Anfangsbuchstaben vom Namen vom Gast.«
30 Und auf die Weise muss man so Lippi Wiesels beikommen, denn sie brauchen eine internationale Imponierung. Ich treffe ihn nachher.
Ich wohne bei Lippi Wiesel. Dass mein Vater bei der Regierung ist, glaubt er, weil das der einzige erotische Reiz ist, den ich für ihn
35 habe, weil er ja sonst politisch auf blond eingestellt ist, und bei Männern geht doch manchmal das Politische mit dem Erotischen Hand in Hand wegen der Rasse und der Überzeugung. Ich bin ja nur froh, dass ich von der Briekow weg bin. Und da gibt es einen

Kursus für fremde Sprachen zu lernen und für tanzen zu lernen und feines Benehmen zu lernen und kochen zu lernen. Da gibt es aber keinen Kursus, zu lernen allein sein in möblierten Zimmern mit zerbrochenem Waschgeschirr und überhaupt allein sein ohne kümmernde Worte und Geräusche.

Ich mag ihn gar nicht so furchtbar, aber ich bin bei ihm, weil dass jeder Mensch ein Ofen ist für mein Herz, was Heimweh hat und nicht immer nach Hause, sondern nach was Wirklichem zu Hause – das sind Gedanken in mir, die wälzen sich. Was mache ich wohl falsch mit meinem Leben?

Aber vielleicht verdiene ich es gar nicht anders.

Heute ist Weihnachten. Von Schnee werden Menschen betrunken. Richtig betrunken wie vom Wein. Betrunken sein ist das einzige Mittel für nicht alt zu sein. Viele Jahre kriechen auf mich zu. Ich habe Therese über Tilli eine Tafel Nussschokolade geschenkt, und ich wünsche ihr, dass die einsame Tapete von ihrem Zimmer viele Münder kriegt, die ihr lebendige Küsse geben. Ich habe meiner Mutter einen Kaffeewärmer über Therese und Tilli geschenkt. Ich wünsche ihr, dass ihr Mann, was mein Vater ist, sie mal umarmt, ohne betrunken zu sein. Ich habe Tilli mein eignes lilaseidnes Hemd geschenkt und wünsche ihr, dass ihr Albert es bemerkt, wenn sie es anhat, und auch sonst Arbeit bekommt. Die Hulla war eine Hure, vielleicht hat solche kein Grab, und man macht den Menschen das Leben auf der Erde manchmal wohl zu sehr schwer und darum ist es ganz albern für sie zu beten, wenn sie dann glücklich tot sind. Und wenn es keine Männer gibt, die bezahlen, dann gibt es doch auch keine Hullas – kein Mann darf Schlechtes über die Hulla sagen. Ich wünsche ihr wirklich einen Himmel, in dem das Gute in ihren Augen Verwendung findet. Und wenn sie ein Engel ist, dann soll sie Flügel haben ohne Leukoplast geklebt. Ich wünschte mir sehr die Stimme von einem Mann, die wie eine dunkelblaue Glocke ist und mir sagt: Doris, höre auf mich; was ich sage, ist richtig. Ich schenke meinem Feh ein Gedufte von Lavendel und wünsche ihm, dass er keine Haare verliert. Und das uns allen. –

Ich habe dem Lippi Wiesel drei Bilderrahmen gestickt mit unterschiedlichen Blumen und habe einen Weihnachtsbaum gekauft und geschmückt und eingeschlossen ins Badezimmer. Und werde dann Lichter entzünden und anfachen und möchte, wir hätten
5 dann doch mal ein Denken zueinander wie so Menschen.
Ich bin in einem Lokal. Hatte ich Weihnachten gemacht. War Heilig Abend. Ist ja alles Dreck. Ich habe Lichter gemacht und einen Tisch mit Tannenzweigen. Und warte. Das Lippi kommt nicht. Ich bin nämlich eine, von der werden die Männer eingeladen an Fest-
10 tagen in eine Familie, wo es langweilig ist, aber eine gleiche Stufe und Gesellschaft bedeutet. Und da feiert er, indem was ich bin, wartet. Und ging schlafen. Auf meinem Baum brannten Lichter und ein Zweig fing Feuer.
Ein großes rotes Feuer – ich habe Lust auf so ein Feuer – auf der
15 Schule war Paul – wir haben ein Feuer gemacht in der Laubenkolonie – Kartoffelfeuer – die gebrannten Schalen haben wir gegessen – Paul war der schwarze Bär, der Himmel hatte einen steilen grauen Dunst – wir bauen einen Turm aus einer Flamme – ich war eine Indianische mit einer Hühnerfeder hinter meinen abstehenden Ohren,
20 was sie aber jetzt kaum noch tun. Außerdem sind die Haare darüber. Ich will auf einer ganz krunkligen harten polkigen Erde ein Feuer.
»Verzeih mir, Cherie« – da ist er – das Schwein ist betrunken. »Entschuldje, die Brennings ließen mich nicht fort, ich habe ihr für fünfzehn Mark Orchideen gebracht, glaubst du, es genügt? Der
25 Mann hat nämlich Einfluss – sie hat zwei junge Scotchterriers bekommen, wir werden sie nächstens bringen im Bilderteil – putzige Tiere – leider nicht stubenrein – siehste den Fleck auf mein Knie – kannste den rausmachen morgen früh?«
»Stell wenigstens mal bitte doch das Radio ein«, sag ich. Stille
30 Nacht – heilige Nacht, alles schläft, einsam wacht nur – auf der Schule hab ich erste Stimme gesungen – stiehiele Nacht –
»Meine gute Kleine, da hab ich keine Geschenke für dich, weißte, die Zeiten sind so miserabel, mein Käfer, überall wollnse abbaun, mein letztes Honorar hab ich auch noch nicht – überhaupt Weih-
35 nachten! nur was für Jeschäftsleute – aber Kind du – ich hab ein Geschenk für dich, das Schönste und beste, was ich dir geben kann – ich schenke dir mich« – und hopst mir da mitsamt von Schuhen und Hosenträgern aufs Bett.

»Bitte bleiben Sie bedeckt, Herr«, sag ich und schäume vor Wut.

»Unsre deutsche Weihnacht«, japst er.

»Hat sich was mit Ihre deutsche Weihnacht!« Und bin raus aus dem Bett – mit einem Besoffnen schlafen – nein, mein Koffer – »Gleich, mein Süßer, gleich komm ich, ich such nur noch was« – mein Koffer, Pantoffeln, Kleid, Schuhe – schnell, schnell – »ja, ich komm gleich« – Schlüssel auf dem Tisch, Gott sei Dank, schnell, schnell – stille Nacht, heilige – wo sind die Schlüssel – stille ... die Seife nehm ich mit, die ist mir – Wiedersehn! – der pennt schon – lassen Sie's sich man gut gehn!

Und habe dann eine Nacht im Winter im Tiergarten halb geschlafen auf einer Bank. Das kann ja keiner verstehn, der's nicht erlebt hat.

DRITTER TEIL

Sehr viel Winter und ein Wartesaal

Ich gehe herum mit mein Koffer und weiß nicht, was ich will und
wohin. Im Wartesaal Zoo bin ich sehr viel. Warum können Kellner
5 so voll Hohn sein, wenn man mal zufällig kein Geld hat?

Ich will nicht nach Hause, ich will nicht zu Tilli, ich will nicht zu
dem Lippi und den anderen Armleuchtern – ich will nicht mehr,
ich mag nicht mehr. Ich will keine Männer, die zu Weihnachten
eingeladen werden. Ich will – ich will – was?

10

Es sind Wartesäle und Tische, ich sitze hier. Ich will den Feh nicht
versetzen, ich will nicht – ich habe auch keine Papiere. Tilli wüsste
eine, die kaufte ihn. Ich will aber nicht. Manchmal fällt mein Kopf
auf die Platte von dem Tisch, meine Müdigkeit ist ein ganz schwe-
15 res Gewicht. Ich schreibe, weil meine Hand was tun will und mein
Heft mit den weißen Seiten und Linien ein Bereitsein hat, meine
Gedanken und mein Müdes aufzunehmen und ein Bett zu sein, in
dem meine Buchstaben dann liegen, wodurch wenigstens etwas
von mir ein Bett hat.
20 Und es riecht der Tisch nach so kalter gemeiner Asche und Mag-
gis Suppenwürze und hat mir die Klosettfrau ein Zervelatbrot geschenkt, was nach Hygiene schmeckt, und das ist medizinische
Gesundheit. Und weiß ich das von Rose Krall, was im Jaedike[56] saß
und hatte einen Freund, was Arzt ist. Und man kann immer einem
25 Mädchen anhören, was ihr letzter Freund war, denn sie sprechen
dann die Sprache von seinem Beruf.
Gottogott müde. Und zu nichts Lust. So egal alles. Und aus meiner
Müdigkeit wächst nur eine Neugierigkeit, wie es wohl weitergeht
– hallo, Frau Wirtin, schnell noch einen Humpen – warum macht
30 man denn mit dem Rhein so viel Musik? Nebenan bläst einer
Mundharmonika, seine Stirn ist verschrumpft wie ein ganzes
Leben. Und gestern war ich mit einem Mann, was mich ansprach
und für was hielt, was ich doch nicht bin. Ich bin es doch noch

---

56 in den 20er Jahren bekanntes Berliner Lokal

84

nicht. Aber überall abends stehen Huren – am Alex so viele, so viele auf dem Kurfürstendamm und Joachimsthaler und am Friedrichbahnhof und überall. Und sehn gar nicht immer aus wie welche, sie machen so einen unentschlossenen Gang – das ist gar nicht immer das Gesicht, was eine Hure so ausmacht – ich sehe in meinen Spiegel – das ist eine Art von Gehen, wie wenn einem das Herz eingeschlafen ist.

Ging ich langsam an der Gedächtniskirche vorbei, Tauentzienstraße runter, immer so weiter und mit Gleichgültigkeit in meinen Knie- kehlen, und da war somit mein Gehen ein Stehenbleiben zwischen einem Weitergehnwollen und einem Zurückgehnwollen, indem ich zu keinem von beiden Lust hatte. Und dann machte an Ecken mein Körper einen Aufenthalt, denn Ecken machen dem Rücken so eine Sehnsucht nach einer Anlehnung an die scharfe Kante, die Ecke heißt, und man möchte sich mal dranlehnen und sie sehr füh- len. Und man lässt sich von dem Licht, was aus mehreren Straßen kommt, ein Gesicht scheinen und sieht auf andere Gesichter und wartet auf einen, das ist wie ein Sport und eine Spannung.

Immer ging ich weiter, die Huren stehen an den Ecken und ma- chen ihren Sport, und in mir war eine Maschinenart, die genau ihr Gehen und Stehenbleiben machte. Und dann sprach mich einer an, das war so ein Besserer, ich sagte: »Ich bin nicht ›mein Kind‹ für Sie, ich bin eine Dame.«

Und wir unterhielten uns in einem Restaurant, und sollte ich Wein trinken und hätte so gern was gegessen fürs selbe Geld. Aber so sind sie – sie bezahlen ganz gern große Summen für zu trinken und finden sich ausgenützt, wenn sie eine kleine Summe für zu essen bezahlen sollen, weil Essen ja was Notwendiges ist, aber Trinken was Überflüssiges und somit vornehmer. Er hatte Schmisse und wollte eine Verbrecherwelt. Denn er war zu Besuch in Berlin und wollte gerne Gefährliches, um Mut haben zu dürfen.

Ging ich mit dem Schmiss in einen Keller hinterm Nollendorfplatz – und es gähnte eine Leere. Und ein Mittelraum für zu tanzen und eine ganz trübe Flamme sowie der Spiegel von einem nebligen Mond in einer Pfütze vom Hinterhaushof. Und hochgewölbt und kalt und billig. Die Wände mit Bildern in der Art, wie frühere Men- schen Unmoralisches machten. Und einzelne Tische mit Decken wie sonntags bei Portierleuten. Mädchen vom Strich mit Kleidern, die schick waren vor fünf Jahren und länger. Ganz unmodern und ein gestorbenes Mittelalter wie so Romane. Und eine Kapelle. Ein Mann macht Stimmung und kriegt jeden Abend eine Mark. Und war im Gefängnis und vorher Schauspieler. So wie die jungen Helden bei meinem früheren Theater mit blondem Haar und einer Farbe im Gesicht, womit sie abends bei Lampen aussehn wie Babys und am Tag wie so alte kranke Hospitalmänner. Und hatte auch für Zeitungen geschrieben. Und ging in die Mitte von dem ganz leeren grauen Parkett und hat eine Tüte aus Zeitungspapier und klebt sie auf seine Nase und zündet sie oben an. Bom bom bom macht die Kapelle, und dann geht das Licht aus, wodurch man dann erst merkt, dass überhaupt ein Licht war. Kniet er nieder, auf seiner Nase ist die Tüte aus Zeitungspapier, die brennt als eine Flamme – und beugt sich nach hinten, er hat Tiroler Hosen an.

»Was wollen Sie trinken«, fragt mich der Schmiss – »is ja nichts los hier.« Es klatscht das Strichmädchen mit der roten Mütze, und es klatscht ein Echo, die Tüte ist sehr groß, sie brennt langsam, der Schauspieler schüttelt die Flammen von seinem Gesicht – O Donna Klara ... spielt die Kapelle, und das ganz dunkle Licht geht wieder an. Herbert heißt er, ich kenne ihn, vor drei Jahren war er auch noch ein Elite. Und setzt dann ein ganz kleines idiotisches Hütchen auf und schneidet Fratzen.

»Geben Sie ihm eine Mark«, sage ich dem Schmiss.

»Ein Groschen tut's auch«, sagt er und wirft dem Herbert einen Sechser zu.

»Wie unangenehm, dass Sie's nicht kleiner hatten«, sagte ich.

Daraufhin Unterhaltung. Und immer von Erotik. Mal kriegt man das über. Witze von Erotik, Erzählungen von Erfahrung in Erotik, Gespräche von strenger Wissenschaft über Erotik, was dann wirklich ein ganz strenges und fachmännisches Gespräch darstellen soll und darum am allerunanständigsten werden kann und die allergrößte Schweinerei ist. Das darf man sich aber nicht anmerken lassen, denn dann macht solch ein Schmiss ein Lächeln voll Verachtung: Ach pfui, ich dachte, Sie wären eine Frau, die drüber steht, aber Frauen denken sich immer was bei!

Und gestern nacht schlief ich in einem Taxiauto ein paar Stunden. Der Chauffeur verlangte nichts dafür. »Ich muss hier sowieso stehn«, sagt er, »machen Sie es sich nur bequem, wenn ein Gast kommt, wecke ich Sie, aber es wird keiner kommen bei die Zeiten.«

Ich krümmte mich zusammen und schlief, und er ließ mir meine Ruhe. Bis es eine Helle ohne Sterne gab, und das war schon Morgen, aber doch noch eine Nacht. Und die Helle dunstete in seidenstoffigen weißen Nebeln aus der Erde, worauf ich mich wunderte mit müdem Kopf, wie er aus so hartem Steinpflaster dringen kann. Der Himmel bildete gar kein Licht. Mein Rücken tat weh.

»Danke«, habe ich dem Chauffeur gesagt und ihm meine Hand gegeben, die vom Liegen auf dem Polster ganz stickig warm war und stachlig aufgeraut.

»Mojn«, sagt er und nimmt sie nicht.

Ich ging. Er war ganz abgeschlossen, und ein Danke fand gar keinen Platz mehr in ihm. Und ich wusste dann, dass das heißt, Glück zu haben – nämlich einem Menschen zu begegnen in den drei Minuten am Tage, wo er gut ist. Denn weil ich viel Zeit habe – da rechnet man aus. Und ein Tag hat 24 Stunden, und die Hälfte davon ist Nacht, bleibt: 12. Und 12 Stunden sind Minuten 12 mal 60 = 720 Minuten, und drei Minuten Gutsein zieh ich ab, und 717 Minuten böser allgemeiner Mensch bleibt. Das muss man doch wissen, wenn man nicht kaputt gemacht werden will. Das ist doch jedem sein gutes Recht. Ich würde mir furchtbar gern mal die Haare waschen lassen, dann habe ich Haare wie eine Indianische.

»Deine Haare sind die ewigen Wälder«, sagte mir da doch mal – ja wer denn? Wälder. Da muss ich an Blaubeeren denken und kleine Blecheimer. Früher war Apfelkraut drin. Ach, Karl kommt.

Da hatte ich eben ein Gespräch voller Anregung nämlich durch Karl. Der ist vielleicht eine ulkige Kruke[57]. Und pflanzt Salatbeete und Rettiche und schnitzt kleine Pfeifen und kleine Puppen. Und wohnt in einer Laubenkolonie und ist ein richtiger Berliner mit ganz frechem Dialekt und ganz frechem aschigem Haar und sehr gut gelaunt immer. Und war mal Arbeiter in einer Maschinenschlosserei und ist jetzt arbeitslos und auch jung noch. Und macht lauter Kleinigkeiten, die trägt er in einem Kasten um den Hals und auch Rettiche und lauter so Zeug und sagt, er wär der laufende Woolworth bei Sonne und Regen. Und verkauft sein Zeug im Wes-

---

57 komische, sonderbare Person, Kauz

ten und trinkt dann manchmal schnell eine Molle im Wartesaal Zoo.

»Hallo, sibirisches Mädchen«, ruft er mich an – warum der Pelz? – komm mit mir, helf mir'n bisschen, arbeete mit mir.«

5 Sein Mund hat verdammten Hunger auf eine Frau.

»Was soll ich mit dir arbeiten, Karl?« frag ich.

»Meine Laube hat zwee kleene Zimmer«, sagt er, »und ne Ziege gibt's, die kannste melken, unser Bett kannste machen, Fenster kannste putzen, bunten kleenen Puppen die Augen einnähn –

10 komm, Kleene, du bist so niedlich im Gesichte und auch sonst – willste eene vom Strich werden? Glaub mir Kleene, die vafluchtje Konkurrenz unter die, wo arbeiten wollen, ist verdammt groß, aber jrößer noch ist die Konkurrenz unter solche, wo nicht arbeiten wollen, unter die Hurenmenscher und solche, wo was werden

15 wollen ohne Anstrengung und Schweiß – warum willste bei die größte Konkurrenz gehören?«

Albert verhaftet wegen Einbruch. Tilli mit wegen Beihilfe. Nachts gesoffen inner Wirtschaft. Und denn renommiert. Und außer Rocktasche guckt die silberne Alpakagabel. Und hinten sitzt der Bulle.

20 Für soviel Dummheit hab ich nur Verachtung. Sind das nu richtige Verbrecher? Das sind gar keine richtigen Verbrecher.

An meinem Tisch sitzt der schwule Gustav, sieht aus wie'n Stückchen gekotztes Elend. Sitzt da und pennt. Kommt ne Streifkontrolle. Ich drücke mich vorher. Den Gustav nehmen sie mit auf die

25 Wache. Sein Kopf schläft weiter im Gehen. Ich versteck mich bei der Klosettfrau.

»Frau Molle«, sag ich, »ich mach's Ihn' wieder gut eines Tages.«

»Ich gloob nich, det einer wieder hochkommt, der mal bei's Rutschen ist«, sagt sie und besieht mich mit sturem Blick.

30 Ich zwing mir eine Unterhaltung ab, ich will nur immer reden, reden und reden – sie hat eine kleine Heizsonne – »Warm habenses hier, Frau Molle«, da sind so weiße lackige Kacheln wie'n Spiegel für meine Stimme.

»Der Winter ist dies Jahr überhaupt nich kalt«, sagt sie.

35 »Ja«, sag ich.

Und dann sitz ich wieder und schreib so und dusel vor mich hin.

Kommt der Gustav wieder und ist von der Wache losgelassen wor-

den und zurückgetippelt und sinkt inne Ecke und pennt wieder.
Und ist so müde, dass er ganz vergisst, schwul zu sein, nämlich bei
so viel Hunger und Müdesein wird man normal.
»Sitzte immer noch hier?« sagt der Karl, schmeißt mir'n Helles und
ein Paar Würstchen. »Kommste mit mir?« fragt er. 5
Sag ich: »Nein – ich hab mein Ehrgeiz« – mit den Würstchen im
Bauch hab ich wieder mein Ehrgeiz.
Sagt er: »Quatsch, Ehrjeiz, wat heißt Ehrjeiz«, und rollt mit der
Stimme. »Meinste, ich hätt nochen Ehrjeiz? Essen, trinken, schla-
fen, nettes Mädchen, jute Laune – det is mein Ehrjeiz. Wenn ick 10
det mit meine Arbeit krieg, und wenn ich det mit die ehrlichste
Anstrengung krieg, denn is gut. Wenn icks bei die allerehrlichste
Anstrengung und Arbeit nich krieg, denn klau ick, denn nehm ick
mir zu essen, denn hab ich nur'n schlechtes Gewissen, wenn ich
dusslig genug bin, mir erwischen zu lassen.« 15
Und erzählt mir von Sozialismus. »Schön haben wir's dann wohl
auch nich, aber richtige Luft für zu atmen haben wir dann vielleicht, und en Anfang haben wir vielleicht – jetzt haben wir ja
doch nur'n Schlamassel mit em dicken Ende. – Kommste mit?
Na, denn nich – kannste mich mal kreuzweise mit deinem Ehr- 20
jeiz.«
»Gestreift ist auch ganz schön«, sag ich, »und besten Dank für die
Würstchen.«

»Kommste mit in' Klub?« fragt mich der kleine Schanewsky.
Geh ich mit in' Klub hinten beim Alex. Er zahlt mir die Fahrt. Er 25
hat gerade Arbeit. Das ist ein proletarischer Klub. Ist nur der kleine Schanewsky da und vier Mädchen den Abend. Auf der dritten
Etage zwei Zimmer, viele Bücher und so gestürzte Buchstaben an
den Wänden und in einer jüdischen Sprache.
Ich sprech mit dem Mädchen, das Arbeiterin ist und Else heißt und 30
eine feine Haut hat.
Ich lege meinen Kopf an ihre Schulter. Sie reden zusammen und
ich verstehe von nichts, von nichts. Es sind ungeheure Ereignisse
auf der Welt, ich verstehe von gar nichts. So dumm. Aber ihre
Stimmen geben mir ein schläfriges Summen, die Schulter von der 35
Else riecht nach Mutter, auf den Tischen liegt weißes Papier, das
Licht ist das Licht einer Küche. Mir fallen die Augen, Schanewsky

beschenkt mich mit einem Gericht von gemanschter Leber und Zwiebeln – ich schlafe und träume, dass ich esse. Und es summen die Stimmen, und ich denke, ich muss sagen, dass ich nicht politisch bin – man muss immer was sein. Und immer auf die Politik hin. Und immer was andres.

Auf dem Büfett sind runde Apfelsinen und Käse und Fleisch.

Und dann rutscht der Else ihre Schulter mir fort unterm Gesicht, und es wurde ein Krach – Schuhe, lauter Schuhe kamen – die Mädchen schrien und rissen die Fenster auf. Schanewskys Augen sahen ganz sanft aus der Ecke – im Zimmer war ein Gewühl von zehn blonden Windjacken[58] – das sind Feinde von denen und wieder was mit Politik. Und sie stürzen aufs Büfett und waren in dem Küchenlicht ganz blass und verhungert und warfen die Apfelsinen runter und fraßen sämtliche Würstchen auf. Und machten müden Lärm. Und schlangen die Würstchen. Und gingen wieder fort. Was bedeutet es alles?

Jeden Tag fängt eigentlich ein neues Jahr an, und heute fängt auf besondere Art ein neues Jahr an, indem Silvester ist. Es wird dann Punsch getrunken. Bleigießen ist ja glatter Tinnef[59], aber es betrübt doch mein Herz, ohne was Buntes zu sein heute und ohne Wärme und alles. Bars klappt nicht. Ich werde in Lokale gehn, Blumen verkaufen – morgen. Ein Kapital muss ich haben, um Blumen erst zu kaufen. Bitte, ich werde mich einmal ansprechen lassen mit allem was zugehört und bezahlen. Einmal und nicht wieder. Und möcht auch mal wieder so furchtbar gern ins Kino.

»Willst du mitkommen?«

»Ja.«

Und hat eine Stimme wie dunkelgrünes Moos. Aber was besagt das schon? Weiß ich, wie Lustmörder reden, weiß ich, wie solche reden, die ich mich schäme aufs Papier zu geben? Ein großes Tier von Omnibus rannte und hatte einen Konfettifaden an sich runterhängen. War ich doch mal neugierig, die Augen von dem grünen Moos zu sehn – das war Silvester und der Boden so glitschig nass. Und seit drei Minuten 1932.

---

58 SA-Schläger eines Rollkommandos
59 Unsinn, dummes Zeug

Denn das ist nämlich die Hauptsache bei einem neuen Jahr: Man muss auf einem Büro die Briefe mit einer neuen Zahl schreiben, was sich für vier Wochen lang leicht vergisst.

»Armer Gigolo, schöner Gigolo«,[60] sang das grüne Moos.

»Wieso?« frag ich.

»Meine Frau ist mit einem durchgebrannt.«

»Berlin ist eine große Stadt, in der viel passiert«, sag ich, denn man muss was sagen bei seelischen Geständnissen von Männern, trotzdem es garantiert immer falsch ist, und darum ist ganz egal was. Und sitze jetzt in geborgener Wohnung.

»Ihre Frau kommt wieder«, sag ich – »bei dem Pech, was ich hab.« Wir gehn auf der Straße. Ich seh dem Moos seine Augen – nette blaue Farbe, so waschecht.

»Jawoll, ich komm mit.« Zehn Mark – um zehn Mark werd ich ihn bitten. Und hat eine Unterlippe wie'n verheultes sinnliches Baby. Gott, man ist ja so schnell gerührt bei so Kerls.

»Sie sind auf der Durchreise?«, fragt er. Dämliches Luder. Nu ja, bin ich eben auf der Durchreise. Einen Koffer hab ich in der Hand – echt Vulkanfiber – einen Koffer mit meinen Bemberghemden und so Zeug, mit meinen sauer verdienten Berliner Sachen. Der – wenn der türmt mit meinem Koffer – an' Hals spring ich ihm und beiß ihm den Kopf ab.

»Ich bin so allein«, sagt er. Das sind sie alle. Wenn schon.

»Ich weiß nicht wohin«, sagte ich auf der Tauentzien und knickste mit den Knien ein aus Hunger und Absicht.

»Hallo, nanu, kommen Sie mit mir!« Bitte sehr, grünes Moos. Und rauf innen Omnibus – noch nicht mal'n Taxi?

»Armes kleines Mädchen«, sagt er. Kommt doch oben auf dem Bus so ein Mitleid über mich, dass ich mir eine Ostsee heule. Verdammt. Wohin fahren wir denn? Zu mir.

Im Badezimmer steht eine Waage, ich wiege 97 Pfund. Im Hals hab ich Salzfässer – wenn vollschlank wirklich modern wird, bin ich glatt aufgeschmissen. Ein blödsinniges Kratzen war mir im Hals. Husten auch. – Und es war mir die Wohnung eines Sommers.

Es ist erst immer so'n komisches Gefühl, vor einer Tür zu stehn, wenn ein andrer aufschließt und in einem fremden Treppenhaus. Der Marmor riecht so kalt und mag mich nicht. Und der richtige

---

60 seinerzeit bekannter Schlager über einen Eintänzer

Einwohner drückt das Licht auf dem Knopf an, indem er genau weiß, wo er ist – das gibt ihm Überlegenheit. Und fährt in einem kleinen Zimmer, das ist ein Lift – so schweinige Spiegel an den Seiten – bin ich wirklich so hässlich? Und man geniert sich, denn
5 nie ist man vornehm genug – mir war das aber fast ganz egal. Er hat einen Mantel von dickem grauen Stoff, was Ulster heißt. Ulster sind immer grau. Ich denke mir, Lustmörder tragen Windjacken. Dann kommt das Halten des Lifts mit einem Anflug von Lust sich zu übergeben. Und dann hat man eine Hochachtung zu einem
10 Menschen, der ein Schlüsselbund hat, das macht ein klirrendes Geraschel und ist ein Geheimnis von vielen Schlüsseln, nur einer kennt es. Und da steht man machtlos. Es hat den Scheitel so artig und mit einer blonden Farbe, was vollständig unaufregend ist.
»Bitte sehr«, sagt er, und ich trete vor ihm ein. Ganz modern alles.
15 Und nicht so reiche Eichen wie bei den Großindustrien.
»Ich bin sehr froh, dass Sie hier sind, ich meine, dass überhaupt jemand hier ist, mein Erlebtes ist nämlich für andere komisch und für mich gar nicht komisch, das trennt mich so von andern.«
»Ja, ja«, sag ich.
20 »Und nun wollen Sie etwas bleiben, Fräulein – – ?«
»Doris«, sag ich.
»Fräulein Doris«, sagt er.

Hat da 'ne Wohnung mit Korkteppich, drei Zimmer mit Bad, einen Gummibaum und ein Diwan so breit mit seidiger Decke und so
25 feine strahlene Zahnarztlampen – hat er alles, und heult in seinem Bauch über 'ne ausgerückte Frau. Gibt doch so viele. Hat da 'n lackiertes Bett, so ganz flach, und kleine Nachttische wie japanische Kochkisten und Ringe um die Augen wegen ner Frau. Und laufen vom Alex bis zur Gedächtniskirche und von der Tauentzien bis zur
30 Friedrichstraße in ganzen Horden, und sind hübsche drunter und schicke drunter. Junge auch. Und laufen Männer rum in Haufen – soll ich mir drum Gedanken machen, wenn ich zu essen hab, wieso ich den krieg und den nicht? Kommt ja doch alles auf eins raus – die Unikumme[61], was außergewöhnliche Taube und Lahme
35 und Sadisten sind, nehme ich aus. Herr, Sie Idiot, was eine hat, hat auch ne andre! Und durfte drei Riesenapfelsinen essen.

---

61 Plural von Unikum = origineller Mensch

So'n Waschlappen – »kalte Hände«? Na ja, wovon sollen sie warm sein? – Nein, bitte, er soll meine Hände loslassen – das ist mir eklig, so'ne Stimme wie Moos und so'n sanftes Getue mit meinen Händen.

»Müde, kleines Mädchen – müde, arme kleine Frau, Schweres erlebt, ja? Nicht mehr traurig sein jetzt – wollen Sie mir erzählen? Wie alt sind Sie?

»Achtzehn.« Erzählen? Nein, ich will nicht erzählen, keinen Ton will ich erzählen.

»Warum denn so große traurige Augen?« Immer so 'ne Stimme wie Moos – so'n sanftes Gewächs – Gotte doch nö – wenn er sich weiter so um mich bemüht, tret ich gegens Schienbein. Er ist mir ekelhaft, er widert mich an – es ekelt mich, dass er so gut zu mir ist, ich habe eine starke Lust, ein ganz gemeines Wort zu sagen.

»Wir gehen schlafen.«

Na schön, gehen wir schlafen. Ich geh ins Badezimmer. Ich zieh mich aus. Ein großer Spiegel. Bin ich das? Jawohl, das bin ich. Mein linkes Bein ist dicker als mein rechtes. Fleisch ist nicht an mir, und meine Haut ist gelb und so schrecklich müde. Wie eine ausgehungerte Ziege. Mein Gesicht so klein wie'n normaler Tassenkopf und zerquetscht und am Kinn so'n kleiner Pickel – so was will ein Glanz werden – so was will – ist ja zum Lachen. Ich beiße vor Wut in die Badewanne. Fettige Haare, ganz vermurkst – ein, zwei, drei Rippen – so Hüftknochen – Gott, so sieht ein totes Skelett aus – da können Sie lernen, meine Herren, da können Sie lernen. Und dabei soll man noch sinnlich sein. Zum Brechen ist mir. Und zehn Mark muss er mir geben, lieber Gott, zehn Mark muss er mir geben, ich will ihn nur einmal, er ist mir so widerlich, ich will ihn nicht – zehn Mark, dann geh ich Blumen verkaufen, dann – einen Creme kauf ich mir auch noch – fürs Gesicht – ich – wenn ich noch länger in' Spiegel seh, geh ich im Preis runter. Schluss. Wo ist mein Nachthemd aus Bembergseide? Zehn Mark.

»Ich habe Ihnen ein Bett auf dem Diwan gemacht.«

Auch gut. Bett oder Diwan – ist ja egal. Und vielleicht brauch ich nicht gleich hinterher fort und kann bleiben bis morgen – aber er muss mir dann aus den Augen, ich will ihn nicht neben mir haben hinterher – du ekelhaftes weiches Froschtier. Streicht mir übers Haar – bitte nicht – ach bitte nicht, ich kann kein Mann, ich will kein Mann – zehn Mark! – und in meinem Hals ist so ein Brüllen. »Lassen Sie das doch mit dem Streichen über mein Haar, ich vertrage das nicht« – jetzt auch noch gut sein zu mir, das ist die größte Gemeinheit.

5 »Bitte, ich bin so müde, sag ich. Ein Bett. Für richtig lang zu liegen.
»Gute Nacht«, sagt er, »schlafen Sie schön.«
Und weg ist er! Und kommt auch nicht wieder. Erst wundre ich mich, dann schäme ich mich. Dann denke ich: nanu – und wer weiß, was da nun für eine besondere Schweinerei hinter steckt. Aber mir soll's ja recht sein. Dann schlaf ich ein. Und interessant
10 geträumt, aber leider vergessen was. Und habe bis heute fast nur geschlafen, und fast gar nicht gegessen, immer nur geschlafen. Und weiß auch nicht mehr viel von Worten, die passierten, sondern nur von meinem Schlaf.

15 »Ich hab Kaffee gemacht«, sagt er heute morgen um acht, »ich geh jetzt aufs Büro, schlafen Sie nur aus, um sechs komm ich wieder, werden Sie dann noch da sein?
»Ja.«
»In der Speisekammer steht was zu essen, Sie können sich neh-
20 men, was Sie wollen.«
»Ja.«
Ja, ich werd da sein, wo soll ich denn sonst sein? Aber ich habe eine Wut – du blödsinniges Moos du, entpuppen wirst du dich schon.
25 »Würden Sie mir vielleicht ein paar Zigaretten dalassen?«, frag ich.
»Ich lasse die Schachtel auf dem Kaffeetisch liegen.« Sieh mal an – welche zu sechs – na, von mir aus! Wenn er's dazu hat. Und rauch bis Mittag alle zehn.

30 Fragte ich: »Sagen Sie mal, Sie kennen mich nicht, Sie lassen mich hier allein den ganzen Tag, die ganze Wohnung könnte ich doch ausräumen und alles fortnehmen.«
Sieht er mich so an: »Erstens wäre es mir egal, und dann tun sie's ja doch nicht.« Natürlich tu ich's nicht – aber wieso egal?
35 »Sie brauchen es sich wohl nicht sauer verdienen, was?«
»Doch«, sagt er.

»Was arbeiten Sie denn?«

Zeichnungen für Reklame macht er. Und geht fort morgens um
acht und kommt wieder um sechs oder sieben. Sein Gesicht hat
dann lederne Falten und unter den Augen ein graues Blau. Und 37
Jahre. Doch noch ziemlich jung also für einen Mann.

Ich bin immer müde, ich schlafe immerzu und immer noch nicht
genug. Meine Arme hängen ganz lahm, ich habe Lust zu nichts.
Und habe gar keine Sehnsucht – auf Geld nicht, auf meine Mutter
nicht, auf Therese nicht. Ich stehe aus meinem Bett auf, da steht der
Kaffee. Er hat die Haube darüber getan, die ist bunt und gehäkelt
und hat viel von besserer Familie. Es ist zwölf Uhr und der Kaffee
lau, und es sind Brötchen da und gute Butter und klebender Honig.
Ich esse ganz wenig. Manchmal wachen meine Augen auf, dann ist
morgens acht, und dann geht er hin und her, und dann sitzt er am
Kaffeetisch mir gegenüber. »Schlafen Sie ruhig weiter«, sagt er.
Ich schlafe weiter. Und dann ist zwölf, und dann bade ich, aber
nicht wegen Vornehmheit, sondern weil ich ja nicht immer im
Bett liegen kann, und da ist die warme Badewanne mein nächs-
tes Bett. Und dann bewege ich meine Füße in das Zimmer mit
Schreibtisch, und da sitze ich und schreibe etwas, und dann setz
ich mich auf die kleine Chaiselongue, und auf einmal liege ich da
wieder und schlafe wieder ein. Und dann kommt er. Und macht
die Wohnung in Ordnung und sagt kein Ton – ich sollte das vielleicht, aber mir ist so egal, wenn er mich rauswirft. Dann leg ich
mich auf die Straße und schlaf da weiter. Dann sitzen wir, und es
ist Essen da und Brot und so Schinken. Dann trinkt er Kognak. Ich
mag nicht.

»Warum lassen Sie mich hier sein?«, frag ich.

»Weil ich eine Angst habe, nach Hause zu kommen und keiner ist
da und atmet – bleiben Sie doch bitte noch hier.«

So was Verrücktes – bittet mich noch.

Gestern abend fragt er mich so von mir. Was soll ich denn sagen?
Ich weiß über mich jetzt gar keine Worte.

Das war mir doch unheimlich alles. Ich trinke drei Kognaks, und
dann mach ich das Radio an – es kommt fremdes Rom und Musik.
Und an der Wand gegenüber ein schwarzweißes Bild – so von der

Seite aus. Und die Wand ist gelb wie nachmittags August. Das Bild bewegt sich. Von Kork ein Teppich und kleiner Balkon. Das gibt gleich so ein Frieren, wenn man auf so einen Balkon sieht, und es ist Winter – und eine Freude, dass man so warm in einer sommer-
haften Wohnung sitzt.

»Wollen Sie nicht mal spazieren gehen, wollen Sie nicht mal ins Kino gehen, was machen Sie denn den ganzen Tag?«

»Schlafen.«

»Noch immer so müde, Fräulein Doris?

»Ja.«

»Sind Sie krank?«

»Nein.«

»Sie müssen mehr essen. Sie müssen an die frische Luft.«

»Ja.«

»Warum lachen Sie gar nicht, haben Sie einen Kummer, ist man böse zu Ihnen gewesen?« Das Bild wackelt.

»Herr«, sage ich und stehe auf, »Sie lassen mich hier schlafen, Sie lassen mich alles ohne weiteres essen und tun eine gehäkelte Haube über die Kaffeekanne jeden Morgen und immer Schachteln
von Zigaretten zu sechs – Sie haben einen Anspruch auf mich – wenn Sie – wenn, wenn – Sie wollen – also bitte doch dann« – sagt er was? – »ich meine, dass ich auf eine Art doch bezahlen muss.«

»Wenn Sie Lust haben, Fräulein Doris, dann können Sie morgen ja mal die Betten machen und bisschen Ordnung in der Wohnung.«

Ob ich so hässlich bin, dass er mich nicht will?

Allein spazieren gehen ist furchtbar langweilig. Aber ich habe jetzt Hunger. Und Geschirr abgewaschen und Tisch gedeckt. Aber sein Bett mache ich nicht, es ist mir eklig, sein Schlafzimmer ist mir eklig.

Legt mir da zehn Mark neben die Kaffeetasse. Ob ich damit jetzt fortgehn soll? Ob das die Bedeutung hat? Ob ich jetzt gehen muss? Sagt keinen Ton, legt einfach hin. Ich verstehe überhaupt nichts bei dem. Mich widert das an geradezu, immer so leise gehen und sanft reden und nie vernünftig. Und geh einfach jetzt Kalbskote-
letts kaufen, die brat ich für abends und Rosenkohl, dass er mal was Warmes in seinen Bauch kriegt.

»Sie sind ja kein Mann«, werde ich ihm sagen – »Sie müssen Fleisch essen so richtig mit Zähnen, und Sie sind eine alberne Pflanze, so wird man, wenn man kein Fleisch isst.«

Jetzt murkst er da nebenan in seinem Zimmer. Aber nehmen Sie doch Donnerwetter bitte den Knochen in die Hand, wollt ich ihm sagen – wo wir doch unter uns sind. Und ein vornehmer Kavalier ist ja schön, aber das ist ja keine Art eines Kavaliers bei Ihnen, es ist die Art einer Pflanze.
»Liebe kleine Doris, ich danke Ihnen.«
Wofür bitte, Sie blödsinniger Stangenspargel? Sie – lassen Sie solches Gerede bitte sehr. Und kann doch den Knochen in die Hand nehmen. Kann er doch. Immer so weiß gewaschene Hände – mal müssen so Hände doch auch dreckig sein. Und ich hätte Lust ihm einen Fingernagel abzubrechen.
»Bitte sehr, ich kann Maschine, Sie können mir Ihre Briefe diktieren«, sage ich ihm, und da diktiert er mir.
Ich habe auf den Tisch Blumen gestellt, weil es doch nett aussieht. Aber da wird er wieder sagen: hach, aber liebe kleine Doris und sich anstellen wie ein weichgekochter Stangenspargel. Ich werfe die Blumen jetzt lieber aus dem Fenster.
Sagt er mir doch gestern: »Kleine Doris, Sie sind von zu Hause fortgelaufen, glaube ich – wir wollen an Ihre Eltern schreiben, die sorgen sich sicher – Sie dummes Kind, haben Sie denn eine Ahnung, was Ihnen hier alles in Berlin hätte passieren können?«
»Haben Sie eine Ahnung, was mir schon alles passiert ist!«, sagt es in meinem Bauch, also mit meinem Mund nicht. Hält er mich also für eine Unschuldige. Was mir eine Erklärung gibt. Denn Hubert war ja auch erst dagegen – wegen der Verantwortung. Macht denn so was wirklich soviel aus?
Trinkt er Kognak und sagt mir: »Frauen laufen wohl immer mal fort, ja? Frauen können es wohl auf einmal nicht mehr aushalten, was? Meine Frau –«, und erzählt mir von seiner Frau. Und daran merke ich, er hält mich wirklich für eine Unschuldige und bessere Familie. Ich spreche ja doch auch wenig und gebildet.
»Ich bin müde«, sage ich – welche Gebildete sagt dieses anders?
»Danke« sag ich, »bitte« sag ich – welche Gebildete macht einen Unterschied von mir in diesen Worten? Und so denkt er mich zu

etwas Kolossalem, denn sonst könnte er nicht mit mir reden von seiner geheirateten Frau. So einer ist er. Eine Pflanze. Und zeigt mir ihr Bild. Dass sie hübsch ist, ärgert mich schwarz. Blond. Was heißt blond? Wo er selber doch blond ist, sollte er doch mehr auf
5 Schwarze aus sein.

»Sie hat ein so süßes Gesicht.«

»Wie alt ist sie?« frag ich.

»Siebenundzwanzig.« So eine alte Ziege. »Können Sie sich denken, Fräulein Doris, dass sie einen Verstand hatte, der wie ein richtiger
10 fester Frauenkörper war? Sie war so ehrlich – und das war, als wenn sie sich auszog, und man musste sie lieb haben dann. Und ihre Lügen, das waren so ganz leichte bunte Stoffe, den Körper sah man durch – ihre Lügen waren auch ehrlich, man musste ihre Lügen lieb haben –«
15 Warum hat denn das Schwein kein Hemd angezogen unter den leichten Stoffen, denke ich mir – und überhaupt redet er wie die Romane von den Eliten, und das ist eigentlich vollkommen dasselbe, ob ein Mann nun Romane schreibt oder verliebt ist.

»Sehen Sie, da ist man fort von morgens bis abends, sie wartet auf
20 mich – sie hat getanzt früher – so viele Einfälle hatte sie in der Bewegung. Da geht sie denn fort nachmittags – ich sage: Gehe nur fort, tue nur alles, was dir Spaß macht, tanze nur, mein Liebling, hier hast du Geld, geh nur zu den Tees. Da ist denn ein junger armer Gigolo, schöner Gigolo, welcher es naturmäßig nicht immer
25 war. Ist gekommen. Früher Schauspieler. Früher Ingenieur. Und künstlerisch und sie auch. Und enormen Ehrgeiz. Und er behandelt sie schlecht.«

»Da liegt der Witz«, sag ich, »so eine sanfte Art von sie nicht zu wollen und dann noch gut behandeln, das geht über die Kraft von
30 einer Frau.«

Er hat sie immer geschont, sagt er. Gibt es eine Frau, die Schonung mitmacht, monatelang? Übel wird einem von – »und ich wär Ihnen auch fortgelaufen«, sag ich.

»So«, sagt er und schlägt mir so blaue fragende Augen auf – »und
35 ich verstehe ja nichts von Frauen, ich –«

Das hat mich denn wieder gerührt, so ganz entgegengesetzt von meinem Willen. Ellbogen mit grauem Anzug auf den Tisch gestützt, Haare so blond, wie eben Männer mittelblond sind, nämlich nicht richtig blond. Und Musik aus Rom und Lederhaut und zwei schwarz gefärbte Zahnbürsten – das sind seine Augenbrauen. Und davor ein Porzellan mit Mandarinen, das sind vereinfachte Apfelsinen – nicht so sauer und leichter abzupellen. Natürlich hat er Mandarinen, alles macht er sich bequem. 5

»Essen Sie Apfelsinen«, schrei ich ihn an. Aber Mandarinen sind leichter. Musik aus Radio. Schläft er jetzt? Trägt er wohl Pyjamas aus Flanell und gestreift? Ausgerückt ist sie.

»Immer hab ich meine Pflicht getan«, sagt er. Als wenn's damit getan wäre. Groß und lang ist er. Hat er wohl einen sehr mageren 10 Rücken? Gänseschmalz sollte er essen. Gänseschmalz.

Ich wusste zufällig einen Witz, der nicht unanständig war. Lachen Sie doch bitte mal, grünes Moos, mal muss doch ein Mensch lachen – oder?

»Wie Sie das erzählen können«, sagt er.

»Ich war auf dem Wege zur Bühne«, sage ich. 15

»Meine Frau wollte tanzen bei Charell«, sagt er.

»Den kenn ich persönlich«, sag ich. Hinterher fällt mir ein: Ist ja gar nicht wahr.

»Bitte geben Sie mir etwas Geld.« Er gibt mir.

»Brauchen Sie einen Samtstoff? Meine Frau hatte oft Kleider aus 20 blauem Samt –«

Ich habe eine Gans gekauft.

»Isse frisch, riechtse nich?« frag ich.

»Wennse man immer so riechen wie det Tier, könnse von Glück sagen«, meckert die Frau auf dem Markt mit schwarzem Stoff um 25 den Hals.

»Lassen Sie meine Gerüche aus dem Spiel beim Geschäft«, gebe ich Ihr zu verstehen.

Und habe eine Gans gebraten. Für Sonntag und eigenhändig. Und Gänseschmalz ist gut für die Rückennerven, hat meine Mutter 30 gesagt.

»Gestatten Sie«, sagt er vornehm und nimmt ein Bein in die Hand.

»Wenn's Ihnen nur schmeckt«, sage ich.

Etwas Brust habe ich mir auch genommen. Und wir haben auch 35 für die nächsten Tage noch genug dran. Ich glaube, es hat ihm geschmeckt. Fängt er wieder an: das von seiner Frau und soo lange

Beine hatte sie und man musste immer in Angst um sie sein. Na,
wenn schon. Ich habe ein Metermaß gekauft. Wie lang Beine wohl
sein müssen? Ernst heißt er. Ist ja zum Lachen. Ernst. Man stelle
sich vor ... Warum lächelst du, Mona Lisa? –

5 »Schönes Lied, ja?«, frag ich, um die vornehme Konversation für
nach Tisch zu machen.

»Meine Frau liebte Tschaikowsky[62]«, sagt er.

»So – ich kannte mal einen, der hieß Rannowsky, wissen Sie, es hat
einen Haken, wo kowsky aufhören – da war eine Hulla –«

10 »Was wissen Sie vom Leben«, sagt er. Genug. Man denkt seine
Antworten und spricht sie nicht. Kommt auf eins raus, kapiert ja
doch keiner.

»Sehen Sie das Kissen? Meine Frau hat es gestickt.«

Jawohl, ich sehe das Kissen, bei Vierpfennig-Zigaretten liegen gra-
15 tis in den Schachteln so gestickte Blumen – wenn man raucht,
braucht man nicht sticken, wie? Und erzählt mir so Komisches
und immer von seiner Frau, und es wäre so eine Zeit heute, da wird
alles zerstört und zerrissen, und wer ehrlich sein will, muss schon
sagen, dass er sich nicht mehr zurechtfindet, und auch gerade
20 ein Gebildeter kann sich gar nichts mehr aufbauen, und alles ist
unsicher. Die ganz Welt wäre unsicher und das Leben und die Zukunft und was man früher geglaubt hat und was man jetzt glaubt,
und die Arbeit macht nicht mehr so richtige Freude, weil man in
sich immer so eine Art von schlechtem Gewissen hat, weil doch
25 so viele gar keine Arbeit haben. Und da hätte denn so ein Mann
eben nur seine Frau und wäre sehr angewiesen auf sie, weil er doch
an etwas Wirkliches glauben will, und das ist die Liebe zu seiner
Frau – und dann will die die ganze Liebe gar nicht, und dadurch
hat man dann überhaupt keinen Wert mehr. Und weil man doch
30 eigentlich für die ganzen Menschen heute nur eine Last ist – da
braucht man doch den einen einzigen so sehr, für den man eine
Freude ist. Und dann ist man dem auf einmal keine Freude. Und
es ist eine versinkende Zeit der Vornehmen, und in einer versin-
kenden und so zerrütteten Zeit sinken die Frauen zuerst, und der
35 Mann wird von dem Gesetz gehalten und hält die Frau mit und
wenn dann das ganze menschliche Gesetz kaputt geht, dann hat
der Mann keinen Halt mehr, aber das merkt man nicht so, weil er

---

62 Peter Tschaikowsky (1840–1893): russischer Komponist

ja nie einen hatte in moralischer Beziehung – und was zuerst fällt, so dass alle es sehen, das ist immer die Frau.

Und ich merke mir alle seine Worte, ich möchte auch darüber nachdenken, aber ich habe doch nicht das richtige Verstehen. Ich wollte erst ein Symbol machen hin und wieder wie bei den Eltern, aber dann sagte ich denn nur: »Ja, es gibt heutzutage sehr viele Huren«, aber ich weiß ja nicht, ob es mehr sind als früher und was sie alle mit der Zeit immer haben. Wenn man ein kleines Kind ist und gerade hören kann, dann hört man immer von so schrecklicher Zeit und was soll nur werden. Und wenn ich an die Zeit denke, dann muss ich nur denken, dass ich mal alt werde und hässlich und schrumplig, aber das kann ich ja gar nicht glauben – aber das ist mir das einzige Schreckliche an der Zeit.

Und: »Meine Frau konnte singen so ganz hoch und hell.«

Sing ich – – – das ist die Liebe der Matrosen – wunderbarstes Lied, was man hat.

»Schubert[63]«, sagt er. Wieso? »Gesungen hat sie, wie Schubert komponiert hat.« Das ist die Liebe der Matrosen – ist vielleicht ein Dreck, so'n Lied, was? Was heißt Schubert, was besagt er? Das ist die Lie – aus dem Leben gegriffen ist das – wie meine Mutter bei richtigen Kinostücken sagt.

Und habe sein Bett gemacht.

Auf dem Nachttisch wie Kochkiste auf japanisch Bücher. Baudelaire.[64] Sicher französisch. Aber auf deutsch. – Lesbos, du Insel der heißen erschlaffenden Nächte … da weiß ich doch Bescheid, da geht mir doch was auf – ist doch glatt unanständig. Erschlaffende Nächte! Lesbos! Da ist man doch genug aufgeklärt von Männern und von Berlin auch.

Da gibt es Lokale, da sitzen so Weiber mit steifem Kragen und Schlips und sind furchtbar stolz, dass sie pervers sind, als wenn so was nicht eine Gabe wäre, für die keiner was kann. Ich habe immer zu Therese gesagt: Es freut mich, dass ich so geschnittene große Augen habe mit Blick, aber das ist mir gegeben, und darum bilde ich mir nichts darauf ein. Die Perversen bilden sich aber was

---

63 Franz Schubert (1797–1828): österr. Komponist
64 Charles Baudelaire (1821–1867): frz. Lyriker des Symbolismus

ein. In der Marburger Straße ist auch so'n Ding. Manche Männer mögen das ja. Ist er so? Ich nicht. Und den Van der Velde[65] habe ich auch gar nicht gern lesen mögen, als mir Therese das Buch gab. Geschrieben ist so was glatt Sauerei.

5 Lesbos, du Insel – Bilder sind ja Gott sei Dank nicht dabei. Eine Flasche Lavendel auf dem Nachttisch. So ein ganz stilles unbewegtes Laken. Liegt er denn so ruhig? Und so saubere Handtücher und Zahnpasta. Würde es mich wohl anwidern, mir mit seiner Zahnbürste die Zähne zu putzen?

10 Was koche ich denn heute? Wir haben allerdings noch Gans. Die muss sich rentieren. Man muss rationell wirtschaften. Als Nachtisch mache ich Bratäpfel und eine Würfelsuppe vorher. Die Löffel zur Suppe sind echt. Haben Stempel.

Ich hantiere mit dem Staubsauger – ssssss – ich bin ein Gewitter.

15 Aus Versehen mache ich das Bild von der Frau mal eben kaputt. Sie hätten so viele gemeinsame Worte gehabt, sagt er – und es gibt da so kleine zärtliche Erinnerungen, ganz belanglos an und für sich. Sag ich: »Sie ist fort, und Sie müssen Ihren Sinn jetzt auf anderes lenken.«

20 Sagt er: »Nichts macht mir mehr Freude, für wen lebe ich, für wen arbeite ich?«

»Ihnen ist wohl noch nie richtig schlecht gegangen, was?«

»Doch, auch schon«, sagt er. Na, ich will nicht erst fragen, was er unter Schlechtgehn versteht. Gibt welche, die weinen vor Mitleid

25 Tränen über sich, wenn sie mal zufällig um drei noch kein warmes Mittagessen hatten.

Ich mache einen Versuch. »Was schreiben Sie immer?« fragt er. »Ich mache eine Aufzeichnung von meinen Erfahrungen.« »So.« Kein Wort mehr. Könnte doch ruhig mehr fragen.

30 Wie er seine Frau kennen lernte, erzählt er, und dass sie so furchtbaren Ehrgeiz hat und eine ganz große Welt wollte und ihre Kunst, und von Tag zu Tag ist sie unruhiger geworden und verrückter und wahnsinnige Angst, älter zu werden und dann nichts gewesen zu sein als Frau von einem Mann in einer kleinen Wohnung.

---

65 Theodor van der Velde: Verfasser eines Standardwerkes über Ehe und Sexualität (»Die vollkommene Ehe«, 1926). Bis 1932 erschienen 42 Auflagen, das Buch stand auf dem Index der kath. Kirche und wurde 1933 von den Nazis verboten.

Und keine Selbstständigkeit und kein Schaffen. Und einen Abend waren sie beide bei einer spanischen Argentina, die tanzte, da ist sie vor neidischer Sehnsucht drei Tage krank geworden und musste zu Bett liegen. Und zuerst wollte sie ihn gar nicht, weil's ihr so schlecht ging, und sie wollte aus eigener Kraft und Selbstständigkeit. Schönes Theater wird sie ihm vorgemacht haben. So'n Mann glaubt ja alles. Dem was vorlügen, macht gar keinen Spaß – der glaubt ja alles ohne weiteres. Ich brauche da ganz andere, der ist mir zu leicht – wo ich doch mein Lügen künstlerisch entwickelt habe. Er fragt mich auch gar nichts mehr. Aber dass ich gründlich saubergemacht habe, hat er gesehen. Morgen wasch ich die Gardinen wegen dem vielen Rauch.

»Herr Schlappweißer«, sage ich zu dem Mann auf der Straße – »zwei vollfette Bücklinge bitte – mit Rogen«, den verarbeite ich zu Kaviar. Kaviar regt an. Ungeheure Bücklinge hat dieser Mann auf der Straße und auch sonst ein reizender Mensch.
»Junge Frau, es Beste vom Besten, prima, prima, wird dem Herrn Gemahl schmecken.« Seine Mutter hat offene Beine, hat er mir mal erzählt.
»Wie geht's Ihrer Frau Mutter, Herr Schlappweißer?«
»Danke der Nachfrage, gnädige Frau.«
»Geschäft geht auch gut? Oder leiden Sie sehr unter der Notverordnung[66]?«
»Na, die Zeiten sind ja man besch –«
»Geben Sie mir bitte noch eine Flunder«, falle ich ihm in ein Wort, was mir widerstrebt anzuhören.
Geh ich mit meinem Feh und geräucherten Tieren, zwei davon mit Kaviar im Bauch, so die Kaiserallee runter, spricht mich wahrhaftig einer an – »Sie irren sich ganz enorm in mir«, sag ich. Kein Wort mehr. Mit einer fürstlichen Handbewegung schneid ich alles Weitere ab. Übrigens muss ich unbedingt morgen seine schwarzen Schuhe fortbringen.
Und da machte ich also einen Versuch. Ich legte mein Heft auf den Kaffeetisch und stelle mich schlafend um acht. Guckt er drauf – mein Blut rauscht mir in den Knien – und da schiebt er es zur Seite

---

66 von Reichskanzler H. Brüning zur Sanierung der Reichsfinanzen erlassene
   Verordnung

und sieht es nicht mehr an. Ungeheuer zivilisiert finde ich das. Vielleicht fehlt ihm aber auch einfach nur jegliche Interessierung? »Sie sind so lieb, Fräulein Doris, wie habe ich es verdient, kann ich etwas für Sie tun, haben Sie einen Wunsch, den ich erfüllen kann?« Aber ich habe ja alles.

»Sie sehen recht angegriffen aus«, sage ich ihm, »heute wird um zehn schlafen gegangen.«

»Hach, ich schlaf ja doch nicht«, stöhnt er.

Werd ich aber wütend. »Bilden Sie sich kein Schwachheiten ein, welche Lügerei ist das, keine Nacht schlafen können wegen furchtbaren Kummer und so, wo ich Sie jede Nacht deutlich nebenan schnarchen höre.« Ich möchte ihm mein Buch geben – ich will ein richtiger Mensch sein – er soll mein Buch lesen – ich arbeite ihm, ich koche ihm, ich bin doch Doris – Doris ist doch kein Dreck. Ich will gar keine Unschuldige sein, ich will richtig als Doris hier sein und nicht als so alberne zivilisierte Einbildung vom grünen Moos.

Fünf Pfund zugenommen. Langsam erstehen wieder meine Reize.

Er streicht mich gar nicht mehr übern Kopf.

Ich habe sehr zu tun, ich führe den ganzen Haushalt. Und dann müssen wir frische Luft haben und gehen eine Stunde spazieren nebeneinander und nach dem Essen. Es sind Abende, und die Haustüren sind alle nicht mehr auf. Es sind einzelne Sterne, und in meinem Bauch ist eine Ruhe. Leute führten in vornehmen Straßen ihre Hunde an die Bäume. Es ist sehr schön. Wir sprechen Gespräche. Manchmal auch nichts, und das ist am besten. Ich habe dann Minuten ohne Mühe. Er hasst den Krieg. Ich erzähle ihm von der bunten Kette mit sinnvollen Farben, die einer mir schenkte, den hatten sie blind geschossen und alt gemacht. Und dafür erzählt er mir von einem kleinen Granatsplitter in seiner Schulter, der wandert. »Fühlen Sie – hier« – und legt meine Hand auf sein Hemd unter einem großen Baum ohne Blätter. Es war sehr interessant. »Tut es weh?«, äußerte ich mich dazu. »Nein.«

Und es sind Alte mit Streichhölzern und Schnürsenkeln – viele, viele, viele – auf der Straße überall Huren, junge Männer und sehr verhungerte Stimmen. Wir geben immer jedem zehn Pfennig, das ist so wenig, und es vergeht mir manchmal auf eine laute Art glücklich zu sein. Und dann gehen wir nach Hause. Manchmal hat man eine Lust eine Laterne zu streicheln.

»Geben Sie Acht«, sagt er – »da ist eine Stufe.«

»Machen Sie den Mund zu an dieser Ecke, denn es zieht«, sag ich. Und ich koche morgens jetzt den Kaffee, ich stehe dann auch auf. Es war nur eben so nett, dass er mir immer die gehäkelte Haube hatte über die Kanne getan. Ich sehe auf die Uhr – mal hatte ich eine von Gustav Mooskopf, die ist verfallen – ich brauche auch gar keine. Ich will aber, er soll wissen von mir. Mein Buch geb ich ihm morgen.

Morgens putzt er seine Schuhe in der Küche, da hat er meine Schuhe immer mitgeputzt. Hat er denn seine Frau so lieb gehabt? Man erlebt ja an einem Mann immer wohl nur die Frau, die er zuletzt gehabt hat.

Ich habe seine Kämme gewaschen, drei Paar Strümpfe gestopft und in dem komischen Nachttischbuch gelesen – – – ich sehe eure jungfräulichen Triebe sich künden, ich seh eure Frohzeit und das verlorne Glück – mein Geist, wie vervielfacht, ergeht sich in all euren Sünden, und all eure Tugenden gibt meine Seele zurück …[67] das kann doch keiner verstehn, aber es reimt sich.

Ich kann mir ja gar nicht vorstellen, dass ich einmal Ernst zu ihm sagen könnte.

Ich habe es getan. Mein Buch gegeben. Wir sitzen am Tisch, es war eine Decke ganz gelb und weiß und glänzig auf eine Art wie mit Daumennägeln drüber gestrichen, und sie hat ein Muster – »Lieben Sie Musters – trinken Sie bitte keinen Kognak.«

Ich möchte mich etwas pudern, dann habe ich mehr Mut. Ich kann mir ruhig die Lippen schminken, das Rot bleibt garantiert doch drauf bis morgen früh. Bis ich's abwasche. Manchmal habe ich meine Arme so komisch leer, es ist mir ausgesprochen peinlich, dieses Gefühl. Ist ja auch gar nicht so wichtig.

»Wollen wir ausländisches Radio machen?« – – – – – Meine Frau – sie hat keinen lieb gehabt vor mir«, sagt er.

»Sie, bitte halten Sie den Mund, das gehört Ihrer Frau, Sie sind ein Vieh, Sie sind, Sie – wie alle sind Sie – das ist eine Gemeinheit – Sie sind ein Barmensch« – da sitzen sie wie die gerupften Hühner – für

---

67 Zitat aus Baudelaires Gedicht »Lesbos« (in: »Die Blumen des Bösen«, 1857); vgl. auch S. 101, Zeile 24f.

seine Frau habe ich eine Freundschaft gehabt gegen ihn für den Augenblick. Ich kann das ja alles nicht erklären – bitte, wie sag ich's, wie sag ich's?

»Sie dürfen ja Ihre Liebe sagen und Ihre Gefühle sagen und Ihre Sauereien sagen – aber bitte, Sie dürfen nicht die Liebe von einer anderen sagen, das dürfen Sie nicht.« Hab ich gesagt ihm.

Und da lacht er. »Ich bin einfach so froh, wenn ich von ihr reden kann«, sagt er. Bin ich etwa eine Therese für ihn? Ich habe seine Frau sehr über. Therese wollte ja immer, dass ich erzähle von meinen Männern. Da ist doch ein Unterschied.

Wir sitzen so. Wir lachen auch mal, und es ist eine Musik im Radio, und gelbe Muster. »Haben Sie schon mal einen so langweiligen Kerl erlebt wie mich, Fräulein Doris?« Warum sagt er wohl manchmal Fräulein und manchmal nicht?

»Ich habe schon alle Arten von Männern erlebt«, antworte ich.

»Nana!«

»Wollen Sie mal in meinem Buch lesen?«

»Wollen Sie es mir zeigen?«

»Ja«

Und sitze dann auf dem, was mein Bett ist. Jemand blättert in meinen Därmen. Mir ist sehr übel. Wie ein zu voller Luftballon. Ich rauche eine Zigarette – gleich wird mir schlecht – unter der Lampe hängt sein Haar, was nicht richtig blond ist, weil männlich – Tilli hat immer ihrs mit Kamillen gewaschen – »bitte, die letzten Seiten lesen Sie nicht!« Blättert immer. Ich hab eine Angst, sein Gesicht anzusehn – hätte ich doch nicht – »vor Neujahr hören Sie bitte auf« – mein Stimme kugelt sich so aus meinem Mund – und ich sehe eure frohe Zeit und das verlorene Glück – wo er jetzt wohl dran ist? Mir ist es ganz egal. Ich wollte ja, dass alles so gewesen war – das ist mir ganz egal – schade, dass ich sein Gesicht nicht sehen kann – ja, dann müssen Sie leider aus meinem reinen Haus – alle Löffel mit silbernen Stempeln nehme ich dann aber mit. Aber eisern. Morgen wollt ich gebratene Nieren geben – bei Nieren packt's mich, und ich schlickse mal eben Tränen raus. Gott sei dank, dass ich mit dem Onyx nicht richtig – ist doch wenigstens einer weniger. Mit dem roten Mond habe ich auch nicht – aber die Hemden hab ich gestohlen. Soll er's man ruhig wissen. Nur die Stellen, wo ich schwere Traurigkeit hatte, die hätt' ich gern zugeklebt. Wo ich ein Biest war – na, schön. Aber wo ich so anders war, das ist so peinlich, das bohrt mir im Bauch – mein Gesicht quillt rot auf wie eine Tomate – ich verstehe gar nicht, wie jemand Bücher schreiben kann, die alle Menschen auf der Welt dann lesen – hören Sie auf, bitte hören Sie auf – »sind Sie schon bei Neujahr? – Bitte sind Sie schon bei Neu – – –, sagen Sie doch einen Ton – ob Sie schon bei –«

»Gleich«, sagt er.

Unter meiner linken Sohle habe ich einen Flohstich, der so furchtbar krabbelt, ich möchte so gern meinen Schuh ausziehn – gerade immer da, wo sich ein anständiger Mensch nicht kratzen kann, stechen sie hin, die Biester. Linke Sohle geht ja noch. Sind Sie schon bei Neujahr – Salmiakgeist täte gut – haben wir Salmiakgeist im Haus? – Donnerwetter noch mal!

»Liebe kleine Doris, Sie weinen doch nicht etwa?« Bilden Sie sich bloß keine Schwachheiten ein, Herr, ja?

»Na, da freue ich mich aber, dass Sie gerade im richtigen Augenblick zu mir gekommen sind«, sagt er.

Junge, Junge, ist das eine wunderbare enorme Musik im Radio.

»Sollen wir noch eine halbe Stunde spazieren gehn, Fräulein Doris?«

»Ja.«

»Geben Sie bitte Acht, Doris, hier kommt eine Stufe.« –

»Bitte halten Sie Ihren Mund zu an dieser zugigen Ecke, Herr –.«

Und an einem großen Baum ohne Blätter hebt ein Foxterrier seine Pfote. Ach!

Da hatten wir ein Gespräch. Sind denn Menschen, die arbeiten, moralischer wie Menschen, die nicht arbeiten?

»Wissen Sie was, Fräulein Doris, wir schicken Ihren Pelzmantel zurück, wir sorgen, dass Sie Ihre Papiere bekommen, und dann suchen wir eine Arbeit für Sie.« Sagt er.

Ich denke ja gar nicht daran. Kommt denn unsereins durch Arbeit weiter, wo ich keine Bildung habe und keine fremden Sprachen außer olala und keine höhere Schule und nichts. Und kein Verstehen um ausländische Gelder und Wissen von Opern und alles, was zugehört. Und Examens auch nicht. Und gar keine Aussicht für über 120 zu gelangen auf eine reelle Art – und immer tippen Akten

und Akten, ganz langweilig, ohne inneres Wollen und gar kein
Risiko von Gewinnen und Verlieren. Und nur wieder so Krampf
mit Kommas und Fremdworten und alles. Und Mühe geben dann
für zu lernen – aber so viel, so viel, indem es einen überwältigt
5 vollkommen und geht nicht in meinen Kopf rein und alles dreht
sich. Man kann niemand fragen, und Lehrer kosten ein Geld. Man
hat 120 mit Abzügen und zu Hause abgeben oder von leben. Man
ist ja nicht mehr wert, aber man wird kaum satt von trotzdem.
Und will auch bisschen nette Kleider, weil man ja sonst noch mehr
10 ein Garnichts ist. Und will auch mal ein Kaffee mit Musik und ein
vornehmes Pfirsich Melba in hocheleganten Bechern – und das
geht doch nicht alles von allein, braucht man wieder die Großindustrien, und da kann man ja auch gleich auf den Strich gehen.
Ohne Achtstundentag.
15 Und wenn man ein besonders großes Glück hat, dann wird man
wie Therese. Dann sitzt man und spart und isst ganz wenig. Und
hat eine Liebe. Dann nimmt man sein Sparbuch und kauft Kleider für schön zu sein, denn, man will ihm gefallen, er ist ja ein
besserer. Und nimmt gar kein Geld von ihm aus Liebe, damit er
20 nichts denkt. Und dann ist so eine Zeit, nachts ist man mit ihm
– und verliebt und alles und um acht auf dem Büro wieder. Und
man ist über zwanzig und das Gesicht geht ganz kaputt zwischen
Arbeit und Liebe, denn der Mensch braucht ja Schlaf. Natürlich
ist er verheiratet. Aber er liebt einen, wodurch es einem egal ist.
25 Man macht hundert Mal Schluss und wartet ganz furchtbar – bitte
komm wieder, alles egal, alles egal, komm bitte wieder, und man
kauft teure Cremes. Man hat eine Müdigkeit. Seine Frau schläft
zu Haus, manchmal hat sie in ihrer Seele Kummer, kann aber
ausschlafen und kriegt Geld genug, denn er hat ja ein schlechtes
30 Gewissen und dann geben sie reichlich. Thereses Zimmer ist ganz
hässlich und kalt, seine Wohnung ist warm und schön. Sie weint
viel wegen der Nerven, und das kriegt ein Mann über – »mein
liebes Kind, wir müssen uns trennen, ich zerstöre dein Leben, du
hast andere Chancen, mich frisst ein Leid, aber ich muss von dir
35 fort, denn du findest ja einen zum Heiraten vielleicht, du bist ja
noch hübsch.« Man krepiert an dem Noch. Wiedersehn – dada
– die Kleider sind unmodern, man kauft keine neuen und isst wieder wenig und spart. Und lächelt ihm voll Demut, dem Chef, dem

Kerl, den man hassen muss, auch wenn er gut ist, denn er kann einen ja entlassen. Und man wird alt mit zeitigen Jahren, wo, was ein Glanz ist mit Hermelin, noch lange nicht alt ist – man hat eine Doris dann, die Tolles erlebt, bis dass sie eine Therese ist. So ist das mit Therese und vielen, jetzt weiß ich es. Ich mach da nicht mit, 5 und ihr könnt mich mal alle –. Da hat eine Hure denn doch mehr Spannung, ist ja ihr eignes Geschäft immerhin.

»Lieber Herr Ernst, ich will nicht arbeiten, ich will nicht – bitte, ich will die Gardinen waschen und die Teppiche klopfen, ich will unsre Schuhe putzen und den Fußboden und kochen – ich koche 10 so gern, es ist mir ein Erleben, weil es mir doch selber schmeckt und sehe ich Ihre Lederhaut rosa werden und habe überhaupt eine Überlegenheitsart von meinem Tun. Ich will alles tun, aber arbeiten will ich nicht.«

»Aber ich arbeite doch auch, Fräulein Doris.« 15

»Sie hatten auch höhere Schule, Herr Ernst, und was Ihre Eltern sind auch. Und haben Bücher auf Nachttischen und eine Bildung und ein Verstehen von so Sachen, womit Sie was zu tun haben und gern, und es kostet kein Geld immer oder sehr wenig, und es gibt Ihnen doch eine fröhliche Vergnügtheit. Aber Thereses und meine 20 Vergnügtheiten, die müssen wir kaufen und mit Geld bezahlen. Ich kenne ja auch Lippi Wiesels, die schrieben dann Bücher und hatten ein Gerede und ein Bewundern für ihre eigne Person, wenn sie auch kein Geld hatten. Aber nun bitte sehr, was soll ich an mir bewundern denn? Ich will nicht arbeiten.« 25

»Aber wenn Ihnen doch der Haushalt Spaß macht?«

»Das mach ich doch so hier alles, das interessiert mich doch, dass es nichts kostet, das ist doch was andres. Soll ich etwa sonst gehn als Köchin, als Mädchen – bei Onyxkindern – gnädige Frau, ist angerichtet gnädige Frau – Gottogott, man könnte entlassen werden, 30 man muss hinter ihr her kriechen, darum muss man sie hassen – alle, die einen entlassen können, muss man hassen, und wenn sie auch gut sind und weil man ja für sie arbeitet und nicht mit ihnen zusammen.«

»Aber Fräulein Doris, Sie arbeiten doch auch für mich, wenn Sie 35 Essen für mich kochen, wenn Sie meine Gardinen waschen?«

»Ich arbeite für Sie, weil ich einen Spaß dazu habe und weil ich es nicht arbeite aus einer Angst um Verlieren meiner Existenz. Ich arbeite es ja auch gar nicht, ich tue es ja nur so« – lassen Sie mich doch in Ruhe mit Ihren idiotischen Gesprächen, ich will nicht arbeiten, und ich will meinen Feh behalten.

Er hat mir ein reinseidenes und unerhört gemustertes Tuch mitgebracht –»Ich denke, dass es ihnen Freude macht, ich denke, dass es genau zu Ihrem braunen Kleid passt.« Aber er ist ja gut zu mir.

Aber er ist ja anständig zu mir.

Meine liebe kleine Doris – meine liebe kleine Doris – meine liebe kleine Doris – auf solche Weise kommt man zu einem neuen Lied, was ein Schlager ist.
»Wandert denn Ihr Granatsplitter immer noch, Herr –«
»Sagen Sie ruhig Ernst.«
»Ern –« ich kann nicht. Wenn mein Mund vielleicht an dem Granatsplitter wäre, ich könnte mir ja wohl denken, dass ich dann könnte.
»Sie sind ein anständiger Mensch, Fräulein Doris.« Hat er gesagt. Ich kann ja wohl auch mal glauben, was ein Mann sagt, ja?
»Wissen Sie, Herr – Ernst – das Linoleum in Ihrem Herrenzimmer – ich habe es heute eingewachst, es hat seine praktischen Seiten, indem keinen Staub, aber doch sonst kalt –«
»Meinen Sie, wir sollten da einen Teppich –?«
»Glauben Sie, das geht nicht über unsere Verhältnisse? Ich wäre dafür sonst.«
»Wir wollen uns Teppiche ansehn.«
Und wir haben uns zusammen Teppiche angesehn, und ich durfte ihn von seinem Büro abholen, und er hat seine Finger in meinen Arm getan vor seinen Kollegen und öffentlich offiziell. Ganz dunkel war es auch noch nicht. Ich liebe ihn. Nicht so – aber so.

Vielleicht auch doch so. Ich meine mit Betonung und in Betreff auf Liebe. Mir ist manchmal so komisch. Mein lieber Feh. Um meine Angelegenheiten privat kümmern Sie sich doch bitte nicht, Herr grünes Moos. Feh, du bleibst. Ob er mich einfach hässlich findet? Ich, was ich bin, will ja gar nicht wollen, aber dass er will, will ich so gern. Ich komme mir ja so blödsinnig vor – so nach immer in' Spiegel sehn. Lange Beine hatte sie. Aber ich doch auch. Und so Gemeinsamkeiten waren – aber ist unser Spazierengehen mit den Hunden an Bäumen und Sternen und Granatsplittern die wandern – ist das wohl gar nichts? Und hatten so lange Reste von der Gans. So eine gemeinsame Gans, ist denn das wohl ein Dreck? Wo sie sich noch dazu in derartig langer Weise gehalten hat und dann immer noch keine geringste Spur gestunken? Immer reden von seiner Frau. Hört denn das nie auf? Was heißt denn blond – ist doch nur eine Farbe. Und Schubert und das Baudelaire und – das ist die Liebe der Matrosen.

Immer gelber wird mir doch seine Haut, als wenn da Spinnen drüber laufen, das ist ja eklig – aber wirklich gelb mit grau drin. Sollte denn auch echtes Mirabellenkompott nicht helfen können? Warum nur alle Witze, die ich kenne, so enorm unanständig sind, dass sie eine ausgeprägte anständige Frau in so noch dazu hochanständigen hellgelben Zuständen wirklich nicht erzählen kann. Hand geküsst. Er mir. Und glatt ohne weiteres. Auf dem Esstisch hatte ich Blumen stehn gelassen. Und dann er mir.

Eigentlich manchmal schade um eine Nacht, wo man allein schläft. Aber sonst geht's mir gut. Ich will ja alles tun, alles tun, alles, aber arbeiten will ich nicht.

Brief. Lieber Gott, es kommt ein Brief. Um zehn kommen Briefe. Ich kenne die grünen mit Reklame wegen Rasierpinsel und Apparate und Rheinwein und Freikarten, die gelogen sind, indem dass man sie nachher doch bezahlen muss für Theaters und so. Wir haben wohl selber Theater genug bitte sehr. Aber einer ist weiß und ganz gemein zu, und das gibt mir Verdacht. Welches Schwein schreibt da ohne Schreibmaschine? Doris, ich danke Ihnen so sehr, dass Sie hier sind! Hat er mir gestern gesagt. Die Wohnung ist mir, die Gardinen sind mir, sein Kochen mir, seine lederne Haut mir. Du – du bist mir – nicht wegen Geld und Couch für zu schlafen – ich lüge es nicht, ich lüge das nicht: werde arbeitslos, bitte sehr. Ich koche weiter – ich mit dir – sorge weiter, ich schaffe ein Geld, ich wasche in Häusern, ich gehe mit Onyxkindern in Parks und an Ufern mit runtergefallenen Blättern, ich schreibe Maschine, ich arbeite nicht – aber ich tue das alles für

uns – werde nur arbeitslos – werde nur. – Da ist ein weißer Brief so
eckig und erregt mir Verdacht mache ich ihn natürlich auf, denn
ich bin ja ein Hausherr.

Und dann steht es da:

5 »Ernstel, Lieber – ich habe dir weh getan und bin böse zu dir gewesen. Du wirst mich nicht mehr lieb haben können. Aber vielleicht
kommt einmal eine Zeit, wo du mir nicht mehr böse sein wirst.
Ich möchte dir so gern erklären: Schau, mein ganzes Leben, bevor
ich dich kannte, war eigentlich ein ewiger Kampf, ein ständiges
10 Hin und Her zwischen Erfolg und Misserfolg, ein gespanntes Warten auf den nächsten Tag, ein ständiger Wechsel von guter Laune
und Depression. Immer geschah etwas – und wenn einmal nichts
geschah, dann glaubte man fest, dass sich morgen oder nächste
Woche etwas ganz besonders Schönes ereignen würde.

15 Und dann die Arbeit in der Tanzschule – wie glücklich war man,
wenn man sich da mal wieder ein kleines Stückchen weiterge-
bracht hatte, wie traurig und verzweifelt, wenn man mal glaubte,
stehengeblieben zu sein.

Wie schön war es, wenn man über die Straße ging – Worte und
20 Gesten Vorübergehender einfing, einen Sonnenstrahl auf einem
Geranientopf – ach, alle die tausend Dinge, die auf der Straße so vor
sich gehen, die wurden einem dann im Kopf zu Musik, die sich dem
ganzen Körper mitteilte – die einen bewegte und die man ausdrücken wollte. (Weißt du, dass ich so gern einmal das große, geboge-
25 ne, blauerleuchtete U der Untergrundbahnstation getanzt hätte?)
Und dann wieder Enttäuschungen und eine Angst, nie das Ziel
zu erreichen, und ein bisschen müde an Tagen, wo's Geld gerade
noch zu dünnem Tee und trockenen Brötchen reichte. Nein, Ernstel – schön war es noch längst nicht immer, mein Leben – aber
30 bunt und lebendig und abwechslungsreich war es.

Und dann kam so ein ganz kitschiger Frühling, so ganz süß und
weich, der einen so verzweifelt melancholisch und einsam macht,
wenn niemand da ist, den man lieb haben kann. Und dann warst
du auf einmal da, und da war mir nichts mehr wichtig als du und
35 unsere Liebe. Ich war so glücklich und fühlte mich so geborgen in
deiner lieben Güte. Und als wir heirateten, da war ich stolz und
froh, dass ich Pläne hatte und einen Beruf, den ich dir zum Opfer
bringen konnte.

Und dann konnt ich's nicht durchhalten. Das erste Jahr war lieb und schön, das zweite wollte ich mit aller Gewalt noch lieb und schön finden und belog mich selbst ein bisschen. Das dritte Jahr habe ich bewusst durchgekämpft und die Zähne zusammen gebissen. Und das vierte Jahr – Ernstel, ich bin bald wahnsinnig geworden, ich habe mich krank gesehnt nach meinem dünnen Tee und den trockenen Brötchen, nach all der Hoffnung und Erwartung und dem Schaffenkönnen aus sich selbst heraus. Und eine Angst, dass es nur noch diese ruhigen ereignislosen Tage für mich geben würde – bis an mein Lebensende. Und Angst vor dem Altwerden, dem Etwas-versäumt-haben und dem Zu-spät. Und weil du gut zu mir warst und alles tatest, begriffst du einfach nicht, dass ich nicht glücklich war. Ich kam mir auch selber so albern vor als eine der ewigen Variationen des Themas unverstandene Frau.

Ich war eben zu lange bereits selbstständig gewesen, ich hatte bereits zu lange mit einem Beruf gelebt, den ich liebte. Du hättest mir vielleicht helfen können, wir hätten zusammen sprechen sollen – es ist die größte Dummheit, die man in einer Ehe machen kann: den Mund zu halten, um den anderen nicht zu kränken. Das geht immer eines Tages schief, es speichert sich zu viel auf.

Und dann traf ich – na ja, wir unterhielten uns über Tanzen, und dann kam's auf einmal über mich: Heute ist's vielleicht noch nicht zu spät – morgen kann's schon zu spät sein. Und verliebt war ich auch in ihn. Ja, das auch. Und jetzt erst weiß ich: Es war doch schon zu spät – jetzt weiß ich erst, dass du im Laufe der Jahre doch stärker geworden bist als alles andre. Ich denke sehr viel an dich. Ich wünsche so sehr von ganzem Herzen, dass es dir gut geht. Du wirst mir nicht schreiben wollen, aber du sollst wissen – na, du weißt ja jetzt genug von

Deiner Hanne.«

So sind die Weiber. Brief unter Korkteppich gesteckt. Schreibt natürlich Absender, steckt jetzt mit unter dem Korkteppich. Ich bin ja so aufgeregt.

Alles will ich für dich tun, Sie sehr lieber Mensch, alles will ich für Sie tun. Werden Sie nur bitte arbeitslos.

Wir haben zusammen im Kino gesessen, es war ein Film von Mädchen in Uniform[68]. Das waren bessere Mädchen, aber es ging ihnen ja wie mir. Man hat wen lieb, und das gibt einem manchmal Tränen und rote Nase. Man hat wen lieb – das ist gar nicht zu verstehen, ist
5 ja furchtbar egal ob einen Mann oder Frau oder lieben Gott.
Es war ganz dunkel – nimmt er denn nicht meine Hand? Ich lege sie ihm in die Nähe – nimmt er sie denn nicht – ich atme sein Haar auf – wo ist der wandernde Granatsplitter denn? Bin ich ein Kino oder eine Liebe. Das ist die Liebe der Matrosen … ich würde
10 mein Feh verkaufen, wenn ich es mit dem Geld bezahlen könnte, einmal sein Haar lange hintereinander anfassen zu dürfen.
Der Film zieht mich fort von ihm, er ist so schön. Ich weine. Da sind viele Mädchen – hättet ihr wohl Verachtung auf mich – ihr weint ja auch. Man hat da ein Leben lieb oder eine Lehrerin von
15 der Art eines Klosters oder ein grünes Moos oder sich auf seine Zukunft hin – bin ich denn ein Unterschied von euch, liebe Mädchen? Er nimmt ja nicht meine Hand.
»Doris, sehen Sie da dieses Mädchen links – das hat Ähnlichkeit mit meiner Frau – wenn ich nur wüsste, wo sie ist – sehen Sie sie?«
20 Ja. Sie liegt unterm Korkteppich.
Gute Nacht, grünes Moos – ich bin ja zu müde, um einschlafen zu können. Eben bin ich aufgestanden von meinem Schreiben und bin dreimal über die Stelle vom Korkteppich gegangen, wo sie liegt. So trete ich sie tot.
25 Liebes, grünes Moos, ich habe von Ihrem Kognak getrunken – finden Sie mich eigentlich hässlich – hätte ich Ihnen denn gar nichts zu bieten? Blaue Augen. Müde. Denn ich brauche ja eine furchtbare Kraft, nicht die Tür aufzumachen, die weiß ist und nebenan. Gute Nacht. Gar keine gute Nacht. Sie haben gut schnarchen mit
30 Ihrem Kummer, ich bin ganz blödsinnig wach mit meinem Glück.

Was ein Mensch ist, hat Gefühle. Was ein Mensch ist, weiß, was das heißt, dass man einen will und der will einen nicht. Das ist ein elektrisches Warten. Weiter nichts. Aber es genügt.
35 Das ist ja ein wunderbares Leben. Es könnte ja noch wunderbarer sein, aber es ist jetzt doch auch schon derartig wunderbar, dass

---

68 deutscher Spielfilm (1931) von L. Sagan und C. Froehlich

ich nicht mehr viel zu schreiben habe in mein Buch. Und hat den ganzen Abend nicht von seiner Frau gesprochen heute. Wir haben getanzt in unserer Wohnung. Aber ganz vornehm und weit voneinander ohne Druck. Und schreibe jetzt nur wegen dem nicht Gedrücktworden.

Und bade und mach mich mit Lavendel und plätte meine Kleider. Bisschen rot auf die Lippen und gucke in den Spiegel: Na, wie bin ich denn nun? Ich habe mich etwas erprobt durch Sitzen in einem Kaffee, und ich wirkte enorm, denn es ist immer so, dass die Angebote ja nur so flattern, indem man sie nicht nötig hat. Aber es ist eigentlich eine große Erschwerung vom Leben, dass man, wenn man einen richtig gern hat, keine Lust hat zu andern und es ekelt einen geradezu und ändert gar nichts. Dabei ist er noch nicht mal mein Typ.

Ich habe einen Schwips – ich will, dass ihm immer eine Freude wird und dass er es merkt und dass er nicht merkt, dass ich will, dass er's merkt. Wien, Wien, nur du allein, Wien, Wien – da saßen wir bei dieser Musik aus Radio. Ach, so schön. Das gibt's nur einmal, das kommt nicht wieder – das ist zu schön um – Wien, Wien, nur du allein – Wien, Wien, bist du ein Rhein – denn man macht Musik mit dir – in diesem Moment fühle ich mich wie ein Dichter, ich kann es auch reimen, aber bis zu einer Grenze natürlich, – und da werde ich ein Reim – Wien, Wien, nur du allein – Gott, ich habe so'n Schwips – er hat mir immer Kognak eingeschenkt, ich vertrag keinen Kognak – um jetzt zu mir zu kommen und mich vornehm davon zu befreien, müsste ich ins Badezimmer, das geht durch sein Schlafzimmer – ich geh ja nicht mehr gerade und wache jetzt mit meiner neuen Moral – im Bett Karussell fahren ist ja kein reiner Genuss. Aber deutlich gesagt: Es widerstrebt mir, mich übergeben zu gehn durch das Schlafzimmer eines Mannes, welchen ich liebe. Also schreibe ich lieber.

Eine Flasche Selter gefunden und ausgetrunken – schon geholfen. Ich will ihm da mal eine Freude sein und ihn ablenken von der Frau, was unter dem Korkteppich liegt und Schubert singt. Und mit dem Kochen allein schaffe ich es auch nicht. Aber meine Gedanken wollen ihm ein Opfer. Da kriege ich dann eine Ordnung und meine Papiere. Und dann sagt er: »Es geht nicht trotz allem, Doris, man darf da nicht einfach was fortnehmen, denn eine Ordnung muss sein, und das ist nur, wenn da einer der Schutz ist vom

andern.« Ich überlege mir das. Es geht um den Feh. Den habe ich
gestohlen. Aber jetzt liebe ich ihn – und so genau wie der Ernst
seine Frau liebt. Da hat mein Feh so weiche Haare, da hat er mit
mir Ereignisse erlebt und sehr Schwieriges manchmal, und da
5   haben wir auch so kleine Gemeinsamkeiten und alles. Wenn der
Ernst nun die Frau in sich vergisst, dann will ich mein Feh vergessen. Aber das ist dann doch anders, denn seine Frau ist ihm ge-
türmt, aber mein Feh tut das nicht. Ich türme von meinem Feh,
damit tue ich gegen ihn eine Gemeinheit.
10 Das grüne Moos ist gut zu mir. Und es hat mein Buch gelesen, da
bin ich doch eine, die macht lauter Sachen, und man kann ihr
nicht glauben, und da ist so viel, was ich möchte – wer kann mir
denn raten?
Ich hätte auch Lust, mal wieder zu tanzen. Dann müssten wir zu-
15 sammen gehn – und auf dem Weg zur Toilette spricht einer mich
an – ich sage ihm: Was denken Sie sich, ich bin doch nicht frei!
Und bin so ein gestreiftes Taxi – sind Sie frei? – aber bitte sehr
nein, sehen Sie nicht, das Schildchen ist doch runtergeklappt. Ich
möchte so leben mit runtergeklapptem Schildchen für sehr lange.
20 Und dann kann es uns auch schlecht gehen – wir sind ja zusammen – mache dir keine Sorgen, wir sind nicht allein, da können
wir lachen – wir finden uns immer was zu essen, pass nur mal auf.
Ich könnte ja ein Glanz werden, aber wenn ich das nur erst für ihn
mal würde. Das ist ja furchtbar schwer alles. Vielleicht macht er
25 mir auch eine Bildung dann.
Ich tue es jetzt – meine Mutter weiß die Adresse sicher – ich schreibe den Brief:
»Geehrte Dame. Ich stahl einmal ihr Feh. Sie werden naturmäßig
eine Wut auf mich haben. Liebten Sie ihn sehr, geehrte Dame? Ich
30 liebe ihn nämlich sehr. Ich wurde manchmal sehr gehoben durch
ihn und eine höhere Schule und echte Dame und eine Bühne
und ein Anfang von einem Glanz. Und dann liebte ich ihn nur
einfach, weil er weich ist und wie ein Mensch mit Seidenhaar am
ganzen Körper. Und sanft und gut. Und hatte ich auch verschiede-
35 ne Schwierigkeiten durch ihn, das können Sie glauben. Und war
beinahe so weit, auf den Strich zu gehen, was doch ein anständiges
Mädchen, was auf sich hält, nicht soll. Ich will den Feh Ihnen wiedergeben, es ist nichts dran gekommen, ich habe ihn immer vor-

116

her ausgezogen, meine Freundin Tilli hat ihn auch geschont. Ich will ja nun glauben, man darf nicht stehlen wegen der Ordnung und so. Wenn ich Ihr Gesicht kennte und es würde mir gefallen, hätte ich ihnen diese Trauer nicht gemacht oder es hätte mir Leid getan. Ich kenne ja aber nicht Ihr Gesicht, sondern denke mir nur etwas Dickes. Somit mache ich mir kein Gewissen, es ist nur wegen der Ordnung und meinen Papieren und wegen dem Opfer, was ich tun muss und weil ich besetzt sein will und aus Liebe. Vielleicht haben Sie noch mehr Pelze und sogar ein Hermelin, es kommt ja immer an die Unrechten. Bitte sein Sie gut zu mein Feh – machen Sie, dass er nicht drunter leidet, wenn Sie ihn ausschwefeln. Und ich sage Ihnen, dass tausend Pelzmäntel auf mich regnen könnten, denn es ist ja immer noch alles möglich bei mir, aber ich würde nie mehr einen so mit mein Herz lieben wie dieses Feh.
Ich behochachte Sie

Ihre Doris ...

P. S. Und schicke den Brief und Mantel an meine Mutter, die kann es Ihnen geben, denn sie weiß sicher Ihre Adresse, weil Sie doch natürlich den Abend im Theater einen unvergesslichen Stunk und Krach gemacht haben. Wenn Sie mich anzeigen und der Polizei verraten, haben Sie gar nichts davon. Und ich habe furchtbar Stunk davon und eine Vernichtung. Darum hat es keinen Sinn, wenn Sie es tun.«
Und so habe ich das Geschäftliche denn erledigt.

Liebe an sich strengt an.

Ich habe noch nichts von dem Brief an die Pelzfrau gesagt. Nur eine Andeutung gemacht.
»Es fällt mir verdammt schwer, Herr Ernst, können Sie vielleicht verstehen, dass man gerade so Sachen, die man eigenhändig raubte, besonders liebt?«
Er sagt: »Aber Sie wollen doch keine Diebin sein, Doris?« Diebin hin, Diebin her, das ist ein gemeines Wort, aber warum versteht er mich denn nicht? Wir sind ja Verschiedene. Wir könnten uns ja mal küssen vielleicht, aber was wäre denn sonst? Ich bin doch keine Diebin. Ich will ihm aber mal alles glauben.

117

»Dumme Kleine«, sagt er. Na ja, das wissen wir auch. Hat er etwa Mitleid mit mir? So was drückt einem Mann doch nur auf die Sinnlichkeit. Ich will ja kein großes Geschmuse mehr machen in meinem Buch, aber mir ist sehr komisch und erdbebenartig in
5 meinem Kopf.

Und mache dann meine Gänge auf der Straße für einzukaufen. Das ist sehr schön. Es sind kleine Eisbahnen mit Kindern und eine warme Kälte, die mein Herz froh macht, und Schienen und viele Geschäfte, und die Sonne scheint. Und in der Bergstraße sind lau-
10 ter Stände und Buden – Herr Schlappweißer, der vollfette Bückling – Mandarinen, Apfelsinen und Kochäpfel – Zahnpasta auf der Straße – eine blaue Post mit so Briefkästen – fünfundzwanzich Pfennje die vier Bananen, fünfundzwanzich Pfennje die echten Kanarischen – eine Bude mit Würstchen – so braun in der Luft, die
15 weiß ist, ist mit blau drin wie Küchenschrankspitzen – kaufense junge Frau, immer kaufense – das ist doch eine Kollegin, das ist eine vom Büro – wie? Wohlfahrt. Wohlfahrt. Alle Menschen sind Wohlfahrt – eine Kollegin, die blass ist wie schmutzige Handtücher – kaufense Stecknadeln, ein Päckchen Nähnadeln. Im Prater blühn
20 wieder die Bäume ... der hat die gelbe Binde mit drei schwarzen Punkten und eine Harmonika – es spielt der Jim Harmonika – ich glaube, bei dem Schlager habe ich anschließend meine Unschuld verloren – ist ja schon so lange her – im Prater blühn wieder die Bäume – Gott, ist der alt! – Herr Ernst, wenn Sie doch mal mit
25 mir hier gehen würden. Da ist die Bahnunterführung von gelben Kästchensteinen, manchmal donnert es, wenn man durchgeht, ich mache dann schnell von wegen einem Gefühl, als wenn alles einem auf den Kopf fällt.
Wenn wir beide – junge Frau, kaufense – die schönen molljen Filz-
30 einlagen – kaufense, meine Herrschaften – det is en Kitt, prima Porzellankitt. Empfehlungen hier, Empfehlungen da – Friedenau, Wilmersdorf, Steglitz, die janzen westlichen Vororte machen mir janz varickt mir ihre Anerkennungsschreiben – – – scheene Mimo-sen, die handfeste Blume, scheene jelbe, die Blume des Winters,
35 die hält was aus, die verträgt drei Paar eisenbeschlagne männliche Stiefel – kaufense, junge Frau – junge Frau – also so eine Straße hat doch was an sich, dass man sich schwanger fühlt. Wenn wir da

mal zusammen gingen. Das ist aber nur Vormittag, so eine Straße ist nur Vormittag – und da ist viel Leben, das sind Menschen. Und Menschen, die vormittags gehen in blauer Luft, sind fast alle arbeitslos, die haben alle nichts.

»Das Leben uffer Straße, wat Se so sehn, det is nur eene Arbeitslosigkeit«, sagte Herr Schlappweißer – »der Bückling hat Rogen – was bitte noch? Zitronen jibt's nebenan – Franz gib Acht, die Dame reflektiert auf deine joldnen Jewächse des Südens.«

Und dann habe ich eine Freude – da ist so ein Lachsstand, und den hat der alte Kreuzweißer, das ist der Vater von dem Karl aus dem Wartesaal, mit dem ich doch immer so gut war. Mit dem sprech ich dann über seinen Sohn. Und er ist genau so nett und frech wie der Karl. Und hat so'n gemütlichen Bauch und einen weißen Kittel wie'n Abtreibungsdoktor. Und ich kauf da immer für Ernst. So was von rosa Lachsen – da kann kein Geschäft mit und Ia. »Grüßense Ihren Sohn mal, Herr Kreuzstange.« – »Hier habense ein Billjett dux[69] von dem infantischen Knaben, junge Frau, vafihrnsen bitte nich, der Junge braucht seine Kraft fürs Jeschäft wie unsaeins überhaupt heutzutage.«

Und da schreibt mir der Karl: »Haste noch immer dein Ehrgeiz – kannste mich mal ...«

Immer so ungalante Aufforderungen, die ich sodann von Herzen erwidre. Und ich habe den Brief dem Herrn Ernst gezeigt, und wir haben zusammen gelacht, trotzdem ich mich etwas wegen der im Brief liegenden Unanständigkeit schämte.

Man kann ja wohl ruhig jeder für sich weinen, aber es ist das Herrlichste, wenn man mit einem zusammen über dasselbe lacht.

Wir finden ja aber gar nicht dasselbe schön.

Da ist ja so eine glänzende Lust in mir, zu singen – das gibt's nur einmal, das kommt ... und ich kenne keinen Tschaikowsky – nur so Lieder und kein Schubert – aber meine Haut singt. Er hat mich auf den Hals geküsst, was zufällig meine empfindlichste Stelle ist. Und soviel wunderbare Worte – das kann man doch gar nicht nachdenken, das saust doch durch einen durch wie Mineralwasser. Ich bin ja ganz verschmettert, und andererseits ist es wie eine Krankheit

---

69 eigentlich Billetdoux = kleiner Liebesbrief

mit Fieber und Bauchweh – Doris, liebes, kleines Mädchen, Doris, meine Kleine – so was geht durch und durch.

Und doch wieder nichts. Ich darf mir ja auch kein Wollen anmerken lassen, weil das ja nur abschreckt – aber – ach Gott – singen möcht ich, tanzen möcht ich – in die Welt hinein – mein ist die schönste der Frauen – mein ja m ...

Da fragt er mich mal, ob ich denn nie Angst hatte wegen krank werden oder Kinder kriegen, da waren ja doch furchtbare Gefahren für mich. Gott, wie soll man an alles denken! Wenn man da anfängt, wird ja einer verrückt. Da muss man nur schon immer wünschen, dass man Glück hat – denn was bleibt einem sonst übrig? Da könnte man ja gleich auch in einem ans Sterben denken – das hält man ja aber auch nicht für möglich – und das andere auch nicht – es wäre nämlich dasselbe. Ich glaube nicht eher, dass ich tot sein kann, als bis ich tot bin – und dann ist es zu spät und nichts mehr zu wollen – aber bis dahin ... da lebe ich eben.

Und hat mich auf eine Stelle von meinem Hals geküsst – so was ist das Leben. Ich finde ihn jetzt überhaupt bildschön. Er hat ja so ein mildes Lächeln wie ein Säuglingsarzt. Er hat kleine, schwarze Punkte in den Augen. Manchmal möchte ich ihm eine Beleidigung tun, damit ich ihn noch mehr liebe – weil er doch dann seine Ehre durch Wut zeigen würde oder seine Vornehmheit durch Sanftmut – eben eins von beiden – es wäre gleich wunderbar. Natürlich will ich es in Wirklichkeit doch nicht.

Vater unser, der du bist im Himmel, mache doch mein Inneres so gut und fein, dass er mich lieben kann. Ich kaufe ihm eine Krawatte, denn das kann ich. Man sagte mir mal, für so was hätte ich geradezu ein männliches Verständnis. Es gibt doch Fälle, wo ein Vorleben seinen Wert hat. Vater unser, mach mir noch mit einem Wunder eine feine Bildung – das übrige kann ich ja selbst machen mit Schminke.

Ich habe eine Überraschung erdacht und somit lauter Kerzenhalter gemalt in ockerem Gelb. So ganz sanft mit gedämpften, rötlichen Mustern von angedeuteten Blumen – dazu Kerzen aus gedämpfter Farbe und sehr viele. Denn er liebt Kerzen. Ich finde das blödsinnig eigentlich, und es müssen enorme Mengen sein, damit es ein elektrisches Hell ersetzt. Ich habe es furchtbar gern sehr hell, außer dass ich mal hässlich aussehe wie vor vier Wochen. Jetzt aber doch nicht mehr. Auf meinen Wangen liegt ein erstklassiger rosa Schimmer von Natur. Morgen mache ich die Überraschung für ihn, verbunden mit Blumenvasen voll Alpenveilchen. Ich habe nämlich auch gespart. Ich habe mir das Rauchen von den zehn Sechser-Zigaretten mit schwerer Überwindung nicht verstattet und sie gesammelt und dann an Herrn Kreuzweißer verkauft zu fünf. Und der verkauft sie zusammen mit seinen Lachsen wieder zu sechs. Pro Stück. – Und dann illuminiere ich.

Ich wollte auch was sticken, ist aber nicht geworden. Das Kissen von der Korkteppichen habe ich etwas zerstört. Er hat es nicht gemerkt – und das freut mich am meisten. Wenn er nur Geduld mit mir hat – ich kriege ja eine Bildung – wenn er doch Gotteswillen nur Geduld hat.

Ich bin in einem Automatenrestaurant in der Joachimsthaler und heißt »Quick«. Das ist amerikanisch. Und alles so herrlich und glücklich. Ich hole ihn ab in einer Stunde vom Büro. Ich habe ihn gefragt: »Macht es Ihnen eine Störung?«
»Aber nein.«
»Wirklich nicht?«
Und da sagt er: »Ich wollte Sie ja schon immer mal bitten, mich abzuholen, aber ich dachte, es macht Ihnen zu viel Mühe, extra in die Stadt hineinzufahren«, sagt er. Und merkt gar nicht, wie furchtbar ich will. Könnte dieses Nichtmerken nicht doch vielleicht Liebe sein? Man hat ja doch gar keine eigne Sicherheit, wenn man jemand so lieb hat. Und weil man so Angst hat, was falsch zu machen, macht man wohl immer garantiert alles falsch und ist doch vor Angst und Liebe oft genug anders als man möchte sein – und möchte doch ein guter Mensch sein und ein ehrliches Manselbst ohne Überlegung und Raffiniertheiten. Und gar nicht so üblichen Quatsch und gar nicht denken, sondern nur lieb und gut sein. Und sonst nichts. Verträgt es ein Mann? Ich will mich aber wagen mit meiner Liebe.

Und alles habe ich vorbereitet. Auf den Tisch gelegt den Brief an die Fehfrau und die Krawatte zu seinem Graublauen. Seine Hemden habe ich enorm gestopft, aber die lege ich nicht dazu. Ich liebe ihn jetzt so, dass es mir egal ist, ob er das mühsame Stopfen seiner Hemden bemerkt. Und das ist vielleicht die wahre Liebe.

Dann die Alpenveilchen – das sind so bisschen verfrorene Blumen – aber lieb. Und alle meine neun gemalten Halter mit Kerzen. Dann sage ich an der Tür: bitte einen Augenblick. Dann gehe ich vorher und zünde sie an – und sage dann: Bitte. Ein kaltes Essen habe ich gerichtet und eigenhändig Tomaten gefüllt, sie sind mir etwas verschmiert mit Mayonnaise, aber doch weitaus billiger wie im Laden. Und geschnittene Brisoletts[70] und arrangierte Brötchen mit gleich was drauf und an den Seiten nutzlose Petersilie und ein Salatblatt. Wegen der Feinheit. Womit verdiene ich denn, dass ich so glücklich bin?

Und bin jetzt hier bei Quick – ich liebe ja Automaten so wahnsinnig, ich habe mir Krabben gezogen und einen westfälischen Speck – es gibt ja viele Essen, bei denen der Name von einem weiten Ort am schönsten schmeckt, weil so was einem als Deutschen immer ein Reisegefühl und was Überlegenes gibt, und ich kannte doch Männer, die wurden beim Sitzen durch ein unsichtbares Kissen unter ihrem Popo erhöht, wenn sie allein Italienischen Salat bestellten – nur wegen dem italienisch. Ich konnte meine gezogenen Brote gar nicht essen – aber das ist mir das Märchen von Berlin – so ein Automat. Und dann sitze ich hier allein und fühle nur immer: Gleich geh ich nach Haus. Ich muss alle Leute ansehn, die hier das Lokal füllen und sich, – gehen sie nach Haus? Bitte, ich habe nur wenig Zeit, gleich treffe ich mich für nach Haus zu gehen, ich bin was ganz Solides, und jedes Wort von mir ist eine Liebe für den Mann von meinem Leben.

Ich habe ein Kaffee getrunken und mir bei der Klosettfrau die Haare gebrannt. Für alle Fälle. Und 20 Pfennig Trinkgeld extra gegeben – ich werde ihm das sagen. Er hat mir fünf Mark mitgegeben – ich will ihm aber vier wiedergeben. Ich komme mir ja sonst vor, als nütze ich eine Arbeitskraft aus. Ich hatte nämlich sonst noch nie nachgedacht, woher Männer Geld kriegen. Man hat immer das Gefühl: sie haben einfach ... Durch so Transaktionen und so Sachen. Und da ist einem eben alles egal. Aber wenn man es weiß, wie einer es kriegt, und verfolgt sein frühes Aufstehen und alles, dann bekommt man doch eine Rücksicht. Lieber Gott danke – ich muss gehn.

Da schneite Berlin. Man ist einfach betrunken. Wacht man auf, da ist alles weiß voll Zucker. Da ist einfach Schnee, den kriegt man

---

70 gebratene Fleischklößchen

frei Haus. Das ist so schön alles zum Zittern. Ich dachte ja manchmal, er ekelt sich vor mir. Wir hatten lauter Kerzen – und dann der
Pelzbrief. Da sagte er: »Doris, tun Sie das etwa meinetwegen mit
dem Feh?«

Da wurde ich Wut. »Ja, weswegen denn sonst – etwa wegen der 5
ollen Dickmadam?« Und damit bekamen wir eine Rührung in die
Luft, es war so eine furchtbar beklemmende Aufregung, da weiß
man in seinen Knochen: Es passiert etwas. Alles so flimmrig.

»Nein«, sagt er. »Nein, nein, nein – ich habe Sie ja viel zu gern,
meine Kleine.« Gern hin, gern her – Herr Ern – ich konnte da sei- 10
nen Namen nicht sagen – alle Alpenveilchen sahen mich an, und
es sticht mich eine Luft – »Sie Herr – ich bin keine Unschuldige, ich
mache Ihnen keine Verantwortung, ich habe in mir Dank und Lie –
na eben – und Sie brauchen mich doch nicht heiraten und können
mich auch wieder vergessen – und wenn Sie – also bitte – Sie wären 15
dann doch mir dieselbe Freude, die ich Ihnen sein möchte.«

Mein Mund sprach die Worte wie ein energisches Gebet, aber
meine Arme und mein Herz waren ganz schwach und ohne Hilfe.
Meine Stimme zittert dann, und ich muss heulen, aber ich wollte auch, denn so was gibt ja dann immer einen Anlass für einen 20
Mann sich herbeizunähern. Und dann trösteten wir uns, bis wir
schrecklich glücklich waren, und haben heute morgen den Schnee
gesehen, als wir zum ersten Mal gemeinsam und zusammen auf-
gewacht sind.

Also das allein macht die Liebe nämlich gar nicht aus, aber es ge- 25
hört auf schöne Art mit dazu.

Frühling. Es ist mir furchtbar unangenehm, am 15. will er mir einen Mantel kaufen. Ich nehme den allerbilligsten. Bis dahin behalte ich noch mein Feh. Ich kann sonst nicht auf die Straße. Es ist
immer noch ziemlich kalt. Er hat mir von Ländern erzählt, da sind 30
jetzt schon Blumen.

Ich spreche nur wenig. Ich mache viel Vorsicht. Bei einer Frau ist
das ja anders, indem der schon alles egal ist, wenn sie mal verrückt
ist. Aber bei einem Mann, da kann durch so stimmungslose Worte 35
alles kaputt gehen. Ich habe sehr Angst wegen meiner Unbildung.
Das macht einen zuerst ganz fremd gegenseitig, wenn es erotisch

anfängt. Weil man sich ja vorher lange ohne das kannte. Man hat
da so ein Genieren.

Er hat mir sehr viel Blumen mitgebracht. Das Leben ist so schön,
dass es mir zum erstenmal eine Religion ist. Ich meine nicht, dass
ich fromm bin – aber es ist mir heilig vor Glück.

Mutter! Da bin ich entzwei. Liebe Mutter. Das geht ja vorüber. Ich
kann auch gar nicht mehr weinen. Das war heute abend – meine
Hand ist so lahm – mein liebes Buch – jetzt lasse ich alles aus mir
herausfallen. Ich bin so oft doch mal unglücklich gewesen, aber es
geht immer vorüber. Geht es denn bestimmt immer vorüber? Du
Qual. Vielleicht nehme ich mir das Leben. Aber ich glaube nicht.
Ich bin ja auch viel zu müde für Selbstmord und mag ja auch gar
nichts mit mir tun mehr.
Ich sitze auf Bahnhof Friedrichstraße. Hier bin ich mal angekommen vor langem mit den Staatsmännischen und jetzt höre ich hier
auf – verdammt nein, ich denke ja nicht dran. Für drei Tage bin
ich noch satt gegessen.

Manchmal ist das Erotische nur dafür gut, dass man du zusammen
sagen lernt – und mir fiel es in jeder Situation schwer. Das war
doch ein Zeichen. Heute abend um sieben, da hat er mich geküsst
– so ganz vorsichtig meinen Arm – so mit einer Art von Liebe, die
gar nicht mal mehr sinnlich ist. Mir wurde gleich ganz zum Beten
– danke lieber Gott, danke – bin ich es denn? – so froh – »Du
Liebes« – und in mir Angst – küsst man denn mich so? – das ist
wohl etwa ein Versehen – und da war es ein Versehen – »Hanne«
– sagt er – »Hanne« – mir wurde ganz schwer erstarrt, ich ließ mir
nichts anmerken. Ich hatte eine Liebe und eine Wut und Hass, die
machten aus Stein mein Gesicht. Da weint er – es ist ein Ausbruch
wie bei dem Trapper – ich befasse sein Haar und mache: nana. Da
macht einen doch einer in Minuten zu hundert Jahr alt. Er liebt sie
so. Da kann man nichts machen. Ich kann es doch auch verstehen,
dass er mich vergisst – ich hätte ja auch jeden um ihn vergessen.
Mein Schmerz war ganz groß, da konnte er nicht mehr weh tun,
und alles Hellgelbe habe ich da verloren. Und dann war ja alles
meine Schuld. Wo doch ein anständiger Mann ein Kind ist, und

124

eine Frau in der Liebe eine männliche Verantwortung trägt. Er ist
ein Gutes. Ich habe alles zerstört. So mit Liebe. Was doch so eine
Welt eine Schweinerei ist. Und er war doch unglücklich. Konnte
ich ihm mich nicht zu Liebe tun, musste ich ihm eben eine andre
zu Liebe tun. Ich bin schwindlig. 5
Ich sagte: einen Moment. Ich nehme heimlich meinen Koffer und
tat ihn vor die Tür. Ich habe ein paar meiner Sachen vergessen, das
kann ich mir eigentlich nicht leisten. Aber alle Gefühle konnte ich
mir eigentlich nicht leisten. Und jetzt ist eine Nacht. Und dann
schrieb ich ein Couvert an seine Adresse, was meine war. Und da 10
tat ich den Brief rein unter den Korkteppich. Und klebte zu mit
meinem Herzblut. »Haben Sie eine Briefmarke, Ernst«, frage ich,
»ich will nur noch schnell einen Brief in den Kasten – nein bitte,
lassen Sie mich allein gehen.«
Nie mehr werden wir spazieren, nie mehr werde ich ihm Nieren 15
braten – und ich wollte ja kein großes Getue machen, ich muss
aber einmal seine Hand küssen: Du hast mir die schönste Zeit von
meinem Leben gemacht. Ich kann ja wohl sehr gemein werden,
aber manchmal muss ich doch eine Anständigkeit sein. Wenn es
ja auch glatte Dummheit ist. Ich hätte mich ja selber in Stücke 20
zerschnitten, wenn du mich dann lieben würdest, ich – ach Gott.
Ich sehe dich nie mehr. Ich möchte morgen früh mich tot machen vor deiner Tür. Das ist ja Quatsch. Jetzt schreibe ich dir alles
wie Brief – das schicke ich dir dann oder nicht – es ist egal. Aber
wenn ich so auf eine Weise mit dir rede, wird mir besser. So eine 25
Qual. Die hattest du auch wegen deiner Frau. Aber ich weiß auch
nicht, wovon ich leben soll morgen, das ist doch ein Unterschied
zwischen uns. Ich bin ja immer das Mädchen vom Wartesaal. Ich
habe deine Hand geküsst, du hattest eine Hand mit so vorsichtigen
Fingern, die sich nicht getraut haben, eine Frau anzufassen, und 30
immer dachten, sie geht kaputt, wenn man darüber streicht. Und
dann bin ich fort. Und auf der Treppe fast übergeben vor Elend
und Übel.
Und nie wieder. Und alles aus. Und Schluss für immer. Und bin zur
Portiersfrau wegen Geld, denn ich brauche ja für mein Vorhaben. 35
Du gibst es ihr morgen wieder, habe ich gesagt. Ich schwöre dir
sehr, dass ich keinen Vorteil wollte für mich. Etwas habe ich noch
übrig, für die Hälfte habe ich mir hier so Alkohol gekauft, und das

andere schicke ich dir morgen. Vielleicht habe ich aber auch sehr Hunger, und dann ist mir egal, was ein Mann über mich denkt. Jetzt geht ja die ganze Biesterei wieder los.

Und dann bin ich zur Korkteppichadresse. Das war ein ausgeprägt
5 feines Lokal im Westen. Da tanzt sie mit ihrem. Ich sitze als Stein. Und mir ist alles egal – das Gucken vom Kellner und so und alles. Ich sehe das Hanne. Sie hat wohl eine Bildung im Tanzen und feine Familie und eine Mutter gehabt, die hat ihr als Kind Lebertran gegeben und als Belohnung ein Stück Schokolade. So eine ist
10 das. Mit zehn Jahren hatte ich mal eine Freundin auf drei Tage und hieß Hertha mit th, die durfte nicht mehr mit mir verkehren, weil ich auf die Volksschule ging und gewusst habe, woher die Kinder kommen. Aber sie war älter und hat mich immer gefragt.

Und die Hanne tanzte sehr süß und Walzer und eine Donau – und
15 blond. Ich saß da und kenne meinen Mann und meine Wohnung, was ihre ist. Es war sehr komisch. Und hatte ein elfenbeinweißes Georgettekleid mit vielen kleinen Falten und roten Achselträgern und Gürtel. Nicht sehr schick, aber so unschuldig. Und sie ist gar nicht mal hübsch, aber wohl blond. Die Beine sind gar nicht so
20 furchtbar lang. Und lacht mal zu ihrem wie ein Stein auf Friedhöfen, wenn Sonne drauf scheint. Der Mann ist sehr elegant und hat schwarzes geöltes Haar, mit dem man nie glücklich werden kann, denn das glänzt immer für andre. Ich trinke Kognaks – ganz schnell. In mir ist viel Kaputtes und es dreht sich. Ich kann gar
25 nicht mehr. In der Pause ich dann zu ihr. Ein kleiner Raum und da sitzen wir, es ist sehr eng.

»Ihr Mann schickt mich, Sie sollen wieder zu ihm kommen – gehen Sie gleich, gleich.«

Erst wollte ich noch sagen: Er stirbt sonst – aber dann wäre sie ja
30 gleich wieder eingebildet und so sicher geworden, und der Ernst hätte gar kein richtiges Oberwasser mehr gehabt. Sie hat ganz trockene Falten um den Mund, und dann macht sie so erschreckte Augen wie die Tilli manchmal und will gleich heulen. Gott, diese Mädchen, man kann sie wirklich nicht ernst nehmen, sie sind sol-
35 che Kinder – besonders, wenn sie blond sind.

Das Geld reicht – ich trinke noch einen Kognak. Jetzt muss ich bald lachen – kein Wort brachte sie erst raus. Gut ist es der nicht gegangen! Und einen eifersüchtigen Blick auf mich – das freute mich ja etwas, denn dann bin ich wohl wieder hübsch. Ich war gar nicht voll Eifersucht, weil man das ja auf so eine Alte nicht ist.

Und ich frage nur: »Sie gehen gleich, ja?«

Da sagt sie: »Ja.« Und spricht mit mir in einem Traum, denn wach wäre sie ja wohl nicht so ehrlich gewesen: »Ich kann so nicht wei- 5 terleben – und ein Mann mit einer gesicherten Existenz, der einen liebt und den man selber nicht zu sehr liebt, macht einem das Leben noch immer am wenigsten schwer, und es ist ja auch schön, mit sich Freude machen zu können.«

Ich habe ihn nicht – nicht zu sehr geliebt. Und konnte ihm keine 10 Freude machen mit mir. Aber der Korkteppichen gegenüber habe ich mir keinen kleinsten Schmerz anmerken lassen. Und sie sagt dann: »Es ist nämlich so schwer draußen.«

Das kann man wohl sagen. Wie ich geh und die Tür zumache hinter mir, war ich wieder voll Traurigkeit. Natürlich ist es schwer. Da 15 wollte nun so eine in dem Alter ein Glanz werden, und das konnte ja ich nicht mal bis jetzt. Und nun ist es wohl geordnet, und es brennen dann meine Kerzen – jetzt wird mir doch wieder so – ich – das Geld reicht noch – ich trinke noch einen Kognak – ach Gott.

20

Ich hatte ein Gespräch. Kommt mir da so ein Junge mit Pappkarton an mein Tisch. Ich wollte allein sein mit meinem Leid. Aber er fährt nach Ohligs, das ist über Köln, da hat er einen Onkel, der hat eine Schmiede, dem kann er helfen.

»Wat heulense denn«, legt er los. 25

»Tu ich ja gar nicht.«

»Doch.« So gibt ein andres Wort das eine.

Ich sage: »Da erlebe ich das traurige Schicksal einer Freundin, die erzählte mir –« Und da erzähl ich ihm das von mir. Er roch nach Pferdedung, und das gab mir Vertrauen. 30

»Schön blödsinnig«, sagt er und spendet mir ein Bier – »Natürlich sindse selber die varrickte Nudel, mekkernse mir hier nichts vor – wie könnense denn da mit nem Feinen und denn mit Jefühl? Sowas jeht einfach nich jut.«

Er hatte mal ne Schwester, mit der war dasselbe. Und da könnt ich 35 nur von Glück sagen, dass ich schnell raus bin. Nachher wär's mir nur langweilig geworden, und älter wär ich geworden ohne die richtjen Intressen und hätte immer meinen Mangel an Bildung

127

gehabt, und ihm wäre das bestimmt über geworden eines Tages
– gerade son Sanfter, dem liegt an Geist – und dann ständ ich da
mit meine Kenntnisse und meine besten Jahre verplempert. Und
er könne wohl verstehen, wenn man die Verirrung hätte, mit
5 einem Besseren für Geld so als Mädchen. Weil die Zeit wirklich
schlecht ist. Aber so richtige Gefühle – die sollte man nur mit seinesgleichen haben, denn sonst ginge es glatt schief. Aber das ist es
ja eben, ich habe keine Meinesgleichen, ich gehöre überhaupt nir-
gends hin. Und ausgenützt würde man. Aber das hat er bestimmt
10 nicht getan, er war ein Anständiger. Das wäre ja egal, jedenfalls
hätte ich den Salat, und es geschehe mir recht.

Und dann hatte der Pappkarton vier Schinkenbrote – es geht
seiner Mutter sehr mau, aber das hat sie getan wegen der Reise
und der Nacht. Da gab er mir zwei. Ich wollte das nicht – da sagt
15 er, ich soll ihn nicht beleidjen, denn wir wären das gleiche und
irgendwo müsste man mal anfangen mit dem Teilen, und bei ihm
könnte ich wirklich Gefühle haben ohne eine Berechnung. Mit
den Gefühlen meinte er nichts Unanständiges. Ich fragte ihn aus
Interesse, ob er eine wie mich heiraten würde. Da sagte er, es würde
20 ihn ja doch allerhand an meinen Erfahrungen stören, und groß-
zügiger wären da immerhin die Gebildeten, aber möglich wäre es
immerhin. Und wir hatten ein Gespräch. Ich fragte ihn, was ich
nun sollte und ob vielleicht einfach auf den Strich gehen, er war
aber nicht dafür. Und ich sagte ihm das mit dem Büro und dem
25 Pelz. Er sagte: zurückschicken nun auf keinen Fall, das wäre glatte
Dummheit – sondern dann lieber verkaufen und von meiner Mutter Papiere schicken lassen – oder doch vielleicht neue Papiere machen lassen. Er gibt mir eine Adresse, der tut das aus Gefälligkeit.
Er hat auch schon allerhand hinter sich, aber nu will er Ruhe. Und
30 denn vielleicht doch selbstständige Arbeit mit einem zusammen
– er fand meinen Fall auch schwierig. Aber zuletzt stände man sich
bei Anständigkeit doch besser.

Und dann wollte ich noch so viel fragen – aber es fuhr sein Zug.
Und er beißt auf seine Lippen, und es wäre eine Sauerei, dass man
35 niemand heute helfen kann, wenn man kein Geld hat, er war ganz
weiß vor Wut. Und gaben uns die Hand. Ich spuckte ihn dreimal
an, das hatte ich gelernt von dem Regisseur – er sagte: »Lass den
Quatsch, was soll das?«

Ich hätte ihm gern was anders mitgegeben für die Reise, aber ich hatte nur noch dreißig Pfennig und meine Spucke. Ich habe ihm aber für zehn Pfennig dann noch gebrannte Mandeln gezogen im Automat. Er sagte: »Quatsch und hau jetzt ab zu deinem Wartesaal, sonst klauen sie dir dein Gepäck bestehend aus tausend Worte Stuss.« 5

Genau so spricht der Karl. Karl wollte mich doch immer? Wie ich zu meinem Buch zurückkomme, liegt unter einer Seite eine Mark. Dass ich das gar nicht gemerkt habe, wie er sie hintat! Er hatte so furchtbar wenig. Ich grüße ein rotgeschämtes Danke hinter ihm 10 her. Ich möchte gern gut sein zu einem.

Zu Hause brennen sie jetzt vielleicht meine Kerzen, und ich hatte die Halter kunstvoll gemalt. Ich habe mich seitenlang angestrengt, nicht dran zu denken, ich muss dran denken – wenn er bei aller Freude mal einen traurigen Gedanken hätte an mich, würde mich 15 das ja so freuen. Ich würde ja sehr gern mal bei ihm antelefonieren – aber wozu das? Ich könnte sie ja gerade in einer Situation stören, das tut doch ein anständiger Mensch nicht. Ich möchte ihn ja so gerne gemein finden, dann wär's mir leichter – aber er war anständig. Und es war doch schön. Ein Schmerz ist ja ein Schmerz und 20 macht alles kaputt, was gerade froh sein könnte, aber was schön gewesen ist, kann er doch nicht kaputt machen – oder kann er?

Ich will zum Wartesaal Zoo – vielleicht kommt der Karl, der Kreuzstanger. Ich würde ihn sehr bitten, dass er mich eine Zeit in Ruhe lässt mit Erotik. Gerade eine Frau muss man ja doch immer von 25 selbst kommen lassen. Ob er das versteht? Ich werde mich ja nie mehr gewöhnen an einen ohne Bildung, zu dem ich eigentlich doch gehöre – und einer mit Bildung wird sich an mich nicht gewöhnen. Aber ich kann jetzt nicht auf die Tauentzien und mit Großindustrien, ich kann jetzt einfach mit keinem Mann. Das war 30 auch bei Hubert so – denn mein Körper ist viel mehr treu als mein Wollen. Da kann man nichts machen. Aber es geht bestimmt vorüber. Die Sinnlichkeit ist einfach im Kittchen. Das ist die Liebe. Und eines Tages wird sie mal entlassen.

Ist ja alles nicht so wichtig – ich bin etwas betrunken – vielleicht 35 geh ich auch nicht zum Wartesaal Zoo – und in eine schicke und dunkle Bar, wo man nicht sieht, dass meine Augen totgeweint sind – und lasse mich einladen von einem und nichts sonst – und tanze

und trinke und tanze – ich hab' so Lust – tanze – das ist die Liebe
der Matrosen – wir sind ja doch nur gut aus Liebe und böse oder
gar nichts aus Unliebe – und wir verdienen auch keine Liebe, aber
wir haben ja sonst gar kein Zuhause.

5 Und werde jetzt doch erst losfahren, den Karl suchen, er wollte
mich ja immer – und werde ihm sagen: Karl, wollen wir zusammen
arbeiten, ich will deine Ziege melken und Augen in deine kleinen
Puppen nähen, ich will mich gewöhnen an dich mit allem, was
dabei ist – du musst mir nur Ruhe lassen und Zeit – so was kommt
10 immer von selber – und wenn du nicht willst, wenn du nicht willst
– dann muss ich eben für mich allein – wo soll ich hin? Es soll
mich aber noch keiner küssen. Und von Büro habe ich genug – ich
will nicht mehr, was ich mal hatte, weil es nicht gut war. Ich will
nicht arbeiten, aber ich habe Korke in meinem Bauch, die lassen
15 mich doch nicht untergehen?
Lieber Ernst, meine Gedanken schenken dir einen blauen Himmel,
ich habe dich lieb. Ich will – will – ich weiß nicht – ich will zu
Karl. Ich will alles mit ihm zusammen tun. Wenn er mich nicht
will – arbeiten tu ich nicht, dann geh ich lieber auf die Tauentzien
20 und werde ein Glanz.

Aber ich kann ja dann auch eine Hulla werden – und wenn ich
ein Glanz werde, dann bin ich vielleicht noch schlechter als eine
Hulla, die ja gut war. Auf den Glanz kommt es nämlich vielleicht
gar nicht so furchtbar an.

Materialien

I Zugänge

1 Christian Schad: Sonja

(1928)

2 Kurt Tucholsky: Angestellte

Auf jeden Drehsitz im Büro
da warten hundert Leute;
man nimmt, was kommt – nur irgendwo
und heute, heute, heute.

Drin schuften sie
wies liebe Vieh,
sie hörn vom Chef die Schritte.
Und murren sie, so höhnt er sie:
»Wenns Ihnen nicht paßt – bitte!«

Mensch, duck dich. Muck dich nicht zu laut.
Sie zahln dich nicht zum Spaße!
Halts Maul — sonst wirst du abgebaut,
dann liegst du auf der Straße.
Acht Stunden nur?
Was ist die Uhr?
Das ist bei uns so Sitte:
Mach bis um zehne Inventur ...
»Wenns Ihnen nicht paßt – bitte!«

Durch eure Schuld.
Ihr habt euch nie

geeint und nie vereinigt.
Durch Jammern wird die Industrie
und Börse nicht gereinigt.
Doch tut ihr was,
dann wirds auch was.
Und ists soweit,
dann kommt die Zeit,
wo ihr mit heftigem Tritte
und ungeahnter Schnelligkeit
herauswerft eure Obrigkeit:
»Wenns Ihnen nicht paßt –: bitte!«
(1926)

3 Brief eines Kreisjugendpfarrers an Irmgard Keun

Hans Döring, Saarbrücken 3, Rotenbühlerweg 50, den 13.6.32.
Sehr verehrtes Fräulein Keun! [...] Seit Döblins ›Alexanderplatz‹
hat mich kein Buch so gefesselt wie Ihr ehrliches und offenes
Buch. Die Flut der Bücher über das moderne junge Mädchen ist
ja schon Legion. Und doch sind diese angeblich so ›modernen‹
in Wahrheit oft nur Gartenlaubenfiguren mit den Utensilien der
Gegenwart. Ihre Doris hat Fleisch und Blut! An der Berufsschule
unterrichte ich täglich soundso viele Mädchenklassen. Und beim
Lesen ihres Buches fand ich so vieles, bis in die Einzelheiten hinein, von dem Wesen und der Lebensart dieser Mädels bestätigt
und scheinwerferartig erhellt, dass ich mich nur immer wieder
freuen konnte. Und auch ihre Art, eine Stadt wie Berlin schauend
zu erleben, ist mitreißend. Es muss schön sein, mit Ihren Augen
lebendig durch das Leben zu laufen und den blinden Menschen
des Vorurteils einiges vom wahren Sinn des Menschseins mit-
zugeben. [...] Wir werden, wie ich vermute, soziologisch usw.
an sehr verschiedenen Stellen im Leben stehen. Aber vielleicht
macht es Ihnen ein wenig Freude, wenn Sie erfahren, bis wohin
Ihre Arbeit dringt.
Mit besten Grüßen,
Ihr sehr ergebener
Hans Döring.

II Werk und Autorin

1 Publikationsgeschichte

Im Frühling 1932 erscheint ›Das kunstseidene Mädchen‹, in Pappe und in Leinen gebunden. Die Geschichte der Doris, die von der *mittleren Stadt* in die *große Stadt* zieht, weil sie ein Leben haben will wie Kino, wird ein noch größerer Erfolg als ›Gilgi‹. Der Universitas-Verlag wirbt für das Buch mit dem Hinweis auf die sensationelle Auflage von 50 000 Exemplaren; Lizenzen werden in sieben Länder vergeben; selbst in Leihbüchereien, die das ›Kunstseidene‹ in mehreren Exemplaren angeschafft haben, ist es monatelang nicht zu haben. Und die Literaturkritik jubelt.

Ausgaben
Berlin: Universitas, 1932
Düsseldorf: Droste, 1951
Gütersloh: Bertelsmann, 1960
Düsseldorf: Claassen, 1979

Taschenbuchausgaben
Frankfurt a. M.: Fischer, 1964
Bergisch-Gladbach: Bastei Lübbe, 1980
München: dtv, 1989
München: List, 2000

Übersetzungen
in insgesamt 16 Sprachen,
u. a. ins Dänische (1933), Englische (1933), Französische (1933), Russische (1933), Ungarische (1933), Polnische (1934) und Spanische (1965)

Hörbuch
München: Ullstein Hörverlag, 2003

2 Die Romanfiguren Irmgard Keuns: Spiegelbilder der Autorin oder Erfindungen?

Und ich denke, dass es gut ist, wenn
ich alles beschreibe, weil ich ein ungewöhnlicher Mensch bin. Ich denke nicht
an Tagebuch – das ist lächerlich für ein
Mädchen von achtzehn und auch sonst
auf der Höhe.

(S. 4)

2.1 Aus einem Interview mit Irmgard Keun (1982)

I. Keun 1979

Und außerdem spiele ich sehr
gerne, es sind auch Rollen, die ich
gerne spiele. Das macht mir Spaß.
Ich hantiere mit den Figuren.

*Aber Sie spielen mit allen? Sie sind
ja praktisch jede dieser Figuren? Sie
leiten die.*
Ich spiele mit allen. Das sind alles
meine Rollen.

*Wie weit ist da eigenes Erleben ver-
arbeitet?*
Kaum. Wenig. Mehr Beobachtung
an anderen. Da hab' ich viel zu viel
Hemmungen, um meine eigenen
Erlebnisse preiszugeben. Sogar im
Gespräch.

2.2 Aus einem Brief Irmgard Keuns an Arnold Strauss (1933)

inclination [handwritten annotation]

Ich neige nun einmal zu etwas krankhaft ausgeprägten Depressionen – und Lust- und Unlustgefühle sind bei mir stärker als bei gesunden Durchschnittsmenschen und streifen leicht das Gebiet des Pathologischen. Vielleicht könnte ich keine Bücher schreiben, wenn es nicht so wäre. Daher wohl auch die Neigung zum Alkohol, die aber nicht das Primäre, sondern eine reine Sekundärerscheinung ist. Ich bin manchmal traurig und ängstlich, wenn ich darüber nachdenke, dass ich so abgrundtief scheußliche, irrenhausreife Depressionen habe. Ich leide manchmal ganz abscheulich in Zeiten, wo ich innerlich nicht weiterkomme. Manche Fehler, die allgemein menschlich sind und die ich an anderen gern toleriere, hasse ich an mir wie die Pest. So zum Beispiel Eitelkeit und primitive Geltungssucht. Und Selbstbelügen. [...] Ich habe manchmal eine solche Wut auf mich, dass ich mir selber den Hals zuwürgen könnte. Ich bin mir selber nicht übermäßig interessant – aber schließlich lebe ich mit keinem so viel zusammen wie mit mir selber, und darum muss ich aus Selbsterhaltungs-

Die Erfolgsschriftstellerin 1932

trieb einen erträglichen Umgang mit mir machen – für mich. Manchmal – so wie jetzt – hat man da so einen qualvollen Stillstand in seiner menschlichen und Arbeitsentwicklung.

Self-Preservation [handwritten annotation]

„Sie ist nicht mit sich im Reinen." [handwritten annotation]

Konflikt mit sich: Leiden und Erfolg [handwritten annotation]

137

3 Der Plagiats – Vorwurf

3.1 Robert Neumann: Karriere

So ein Kaffeehaus in Danzig sollten Sie sehn. Am Anfang war ich
5 vollkommen eingeschüchtert, ob-
schon Lipschütz selbstverständ-
lich überall Bekannte hat. Aber zuerst war es glatt unmöglich, dass
ich ein Wort versteh, was jeder um
10 sich herumschmeißt.
Das war Montag vorige Woche.
Seither hab ich Politik gelernt. Also
weiß ich schon, wenn zum Beispiel
Traubitsch zum Tisch kommt. Je-
15 dem erzählt er, er ist nur da, weil er
bei der Konferenz die Lage studieren will, mit den deutschen Ver-
tretern verhandelt er – aber wirklich nur Ihnen im Vetrauen gesagt!
– wegen Lieferung von Kanonen, ausgerechnet Kanonen braucht
er, was weiß ich, irgend etwas einen Aufstand soll er in Indien
20 machen, vielleicht ein Indianer, erst gestern hat er doch, sagt er,
von einem gewissen Gandhi eine Ansichtskarte bekommen, da ist
sie, können Sie indisch?
Ich natürlich nur weggedreht, denn wer kann schon so ein Gandhi
sein, einem Traubitsch Ansichtskarten schreiben, und zweitens
25 Kanonen kauft er, gleich scheint es ein größerer Posten, da kostet
eine einzige vielleicht schon ebenso viel wie ein Klavier, und dabei
rennt er doch im Kaffeehaus mit einem ausgesprochenen Nachthemd, so schmutzig ist es, und für den Schwarzen borgt er sich
von Lipschütz – ich an seiner Stelle würde ihm niemals geben.
30 Ich also nur weggedreht, springt Weisenheim von der Demokra-
tischen Korrespondenz, immer in größter Eile der, und schreit:
»Baronin, küss die Hand, wie war es beim Empfang von den
Serben? Ich geh nicht mehr hin, sie geben Sardinen und Käse,
Skandal das! Das hab ich heut beim Frühstück auch dem rumä-
35 nischen Außenminister gesagt. Sie, Titulescu, sag ich ihm, Sie
sind doch von diesen Serben der Bundesgenosse. Sardinen und

Käse – ist das eine Repräsentation? Da könnten Sie doch einmal
einen Wink geben. Sagen Sie Marinkovic, ich lass ihm sagen,
auf die Pressevertreter, speziell auf die Kommunisten, macht so
etwas den schlechtesten Eindruck! Sagt Titulescu, verlassen Sie   40
sich auf mich, verehrter Herr Weisenheim, ich weiß doch, was
man Ihnen schuldig ist …! Was wollte ich erwähnen? Sie sehen
blendend aus, Baronin, wollen Sie mit mir einmal in die Bonbon-
niere, Freitag, oder nein, da ist ja Tschechoslowakei, aber warten
Sie, nächsten Mittwoch, wenn ich vergessen sollte, sein Sie nicht   45
böse. Adieu, Schatzi, ich muss dort hinüber zum Fenstertisch,
dort drüben ist Fisch!« Und schon weg.

(1931)

3.2 Aus einem Brief Irmgard Keuns an Kurt Tucholsky vom 12. Juli 1932

Robert Neumann schreibt meinem Verlag, dass ich (wörtlich)
seine ›Karriere‹ glatt abgeschrieben habe. Furchtbar viel Leute,
die ich gar nicht kenne, sind böse mit mir – Plagiatsvorwürfe   5
schwirren um mich herum – andere Leute, die ich auch nicht
kenne, bedauern mich in beleidigendster Art und Weise – na,
mir ist sehr übel. Ich habe mir Neumanns ›Karriere‹ kommen
lassen – ich lese sie ununterbrochen und finde einfach keine,
aber auch gar keine Begründung seiner Vorwürfe. Ich darf aber   10
solche Vorwürfe doch nicht unterschätzen, und wenn einem so
was wie Plagiat gesagt wird, muss man das doch ernst nehmen.
Da hab' ich nun so'n paar kleine Bücher geschrieben – warum und
wieso denn schon diese Aufregung. Kann man nicht warten, bis
ich was Besseres geschrieben habe? Warum lässt man mir keine   15
Ruhe? Warum muss ich mich auf einmal gegen Blödsinnigkeiten
verteidigen – sagen, dass ich nicht abgeschrieben habe – wo ich
noch nicht einmal unbewusst beeinflusst wurde. Würden Sie mir
vielleicht helfen wollen und mir schreiben, ob mein ›Kunstseidenes Mädchen‹ gefährliche Ähnlichkeit mit ›Karriere‹ hat? Ich   20
danke Ihnen sehr, wenn Sie es tun. Dass ich es nicht erwarten
kann, weiß ich.
Ich grüße Sie. Ihre Irmgard Keun.

3.3 Tucholskys Antwort vom 16. Juli 1932

Als ich ›Das kunstseidene Mädchen‹ zum erstenmal gelesen habe, spürte ich an Vorbildern: die Lausbubengeschichten; Anita Loos' ›Gentlemen prefer blonds‹; dazu eine leise innere Verwandtschaft
5 zu Sätzen, die ich oft geschrieben habe, aber nie so gestaltet wie Sie. (Freundlich-ironische Betrachtung des balzenden Mannes.) Diese Vorbilder, von denen das meine am allerschwächsten für Sie gewesen ist, empfand ich als legal; jeder von uns ist beeinflußt, soll beeinflußt sein: es ist ein großes deutsches Unglück,
10 daß jeder vermeint, ganz für sich von vorn anfangen zu können. Ich hatte vor, das Buch ausführlich zu besprechen; diese Vorbilder hätte ich genannt, aber in durchaus positivem Sinne.

Da erfuhr ich von dem Plagiatsvorwurf. Ich habe nun erst die ›Karriere‹ gelesen.
15 Ich muß den Vorwurf für richtig ansehen. Liebe Frau Keun, was haben Sie da nur gemacht –!

Ich habe den Bert Brecht jahrelang verfolgt, weil er etwas gemacht hat, was ich für unverzeihlich halte: er hat einen Ton gestohlen. Bei Neumann steht das alles wie bei Ihnen: die nicht beendeten
20 Sätze, wenn's die Dame so eilig hat; die merkwürdige Stellung von *sagt er ... sage ich ... sagt er ...;* genau dieselbe Technik, wie das Mädchen ihre Kokettiergeheimnisse enthüllt; einmal sogar das Motiv mit dem Mantel; das verquatschte Deutsch – und dann eben dieser Ton. Wie da alles Intime als bekannt vorausgesetzt
25 wird, wie vierzehn Sachen mit einemmal erzählt werden ... alles, wie bei Neumann. Ich bin ganz entsetzt gewesen, als ich das gelesen habe. Die Vorwürfe, die man mir gemacht hat, sind nicht von schlechten Eltern. Unkenntnis der deutschen Literatur ... und so fort. Und nun frage ich mich und Sie –:
30 *Warum* in aller Welt haben Sie das gemacht? *Sie haben doch* dergleichen gar nicht nötig! Sie sind eine hochbegabte Schriftstellerin – ich habe gegen manches Einwände, aber Sie können bereits etwas, und, was mehr wert ist: Sie sind jemand. Und nun das da –! (...) Ich trete für neue Leute ein, wo ich nur kann, und daß ich kein
35 Literaturpapst bin, wissen Sie auch. Aber bitte glauben Sie mir: hätte ich ›Karriere‹ gekannt und wäre das Buch nicht von Ihnen gewesen, so hätte ich daraus einen bösen Casus gemacht.

Da das Buch von Ihnen ist, so werde ich mich nicht einmischen; das mag, wenn er will, Herr Neumann tun. [...]
Ihnen alles Gute für die nächste Arbeit wünschend,   40
Ihr ergebener ...

3.4 Robert Neumann: Nachwort 1966 zur Wiederauflage von ›Karriere‹ [Auszug]

Und da vom Plagiieren die Rede ist: Die Briefe Kurt Tucholskys, kürzlich gedruckt, erinnern mich an einen Vorgang, den ich vollkommen vergessen hatte. Tucholsky intervenierte offenbar bei 5
mir für Irmgard Keun – Kritiker hatten behauptet, ihr ›Kunstseidenes Mädchen‹ sei ein Plagiat an meiner ›Karriere‹; gleichzeitig, so ergibt sich jetzt, machte er der Keun schwere Vorwürfe wegen dieses angeblichen Plagiats und stellte ihr von meiner Seite finstere Maßnahmen in Aussicht. Ich hatte nie dergleichen behauptet, ich behaupte es heute nicht – ich hoffe, Frau Keun liest diese 10
Versicherung, die ja bloß mit ein paar Jahrzehnten Verspätung kommt. Auch Frau Keun hatte mich nicht nötig. Wie es ja überhaupt mit dem sogenannten literarischen Diebstahl ganz anders steht als mit dem eines Laibes Brot. Für diesen ist der Hungernde freizusprechen, für jenen der Mann im Überfluss. Der mit vielen 15
Visionen Befallene weiß oft gar nicht, was wirklich von ihm ist und was vom Nebenmann; er greift nach dem, was sich am besten in sein Gemächte fügt. Er greife getrost; greifbar ist für ihn nur, was ohnehin locker sitzt.

III Kontexte

1 Die Großstadt Berlin

»Wir haben hier ganz übermäßige Lichtreklame. Um mich war ein Gefunkel. Und
ich mit dem Feh.« (S. 39)

1.1 Erich Kästner: Fabian – Die Geschichte eines Moralisten
[Auszug]

Fabian legte eine Mark auf den Tisch und ging. Er hatte keine Ahnung, wo er sich befand. Wenn man am Wittenbergplatz auf den
5 Autobus 1 klettert, an der Potsdamer Brücke in eine Straßenbahn
umsteigt, ohne deren Nummer zu lesen, und zwanzig Minuten
später den Wagen verlässt, weil plötzlich eine Frau drinsitzt, die
Friedrich dem Großen ähnelt, kann man wirklich nicht wissen,
wo man ist.
10 Er folgte drei hastig marschierenden Arbeitern und geriet, über
Holzbohlen stolpernd, an Bauzäunen und grauen Stundenhotels
entlang, zum Bahnhof Jannowitzbrücke. Im Zug holte er die Adresse heraus, die ihm Bertuch, der Bürochef, aufgeschrieben hatte:
Schlüterstraße 23, Frau Sommer. Er fuhr bis zum Zoo. Auf der Jo-
15 achimsthaler Straße fragte ihn ein dünnbeiniges, wippendes Fräulein, wie er drüber dächte. Er beschied das Anerbieten abschlägig,
drohte mit dem Finger und entkam.
Die Stadt glich einem Rummelplatz. Die Häuserfronten waren mit
buntem Licht beschmiert, und die Sterne am Himmel konnten
20 sich schämen. Ein Flugzeug knatterte über die Dächer. Plötzlich
regnete es Aluminiumtaler. Die Passanten blickten hoch, lachten
und bückten sich. Fabian dachte flüchtig an jenes Märchen, in
dem ein kleines Mädchen sein Hemd hochhebt, um das Kleingeld
aufzufangen, das vom Himmel fällt. Dann holte er von der steifen
25 Krempe eines fremden Hutes einen der Taler herunter. »Besucht
die Exotikbar, Nollendorfplatz 3, Schöne Frauen, Nacktplastiken,
Pension Condor im gleichen Hause«, stand darauf. Fabian hatte

mit einem Male die Vorstellung, er fliege dort oben im Aeroplan und sehe auf sich hinunter, auf den jungen Mann in der Joachimsthaler Straße, im Gewimmel der Menge, im Lichtkreis der 30 Laternen und Schaufenster, im Straßengewirr der fiebrig entzündeten Nacht. Wie klein der Mann war. Und mit dem war er identisch!

Er überquerte den Kurfürstendamm. An einem der Giebel rollte eine Leuchtfigur, ein Türkenjunge war es, mit den elektrischen 35 Augäpfeln. Da stieß jemand heftig gegen Fabians Stiefelabsatz. Er drehte sich missbilligend um. Es war die Straßenbahn gewesen. Der Schaffner fluchte.

»Passense auf!«, schrie ein Polizist.

Fabian zog den Hut und sagte: «Werde mir Mühe geben.«

(1931)

1.2 Christopher Isherwood: Leb wohl, Berlin [Auszug]

Berlin hat als Stadt zwei Zentren: die vielen kostspieligen Hotels, Bars, Kinos und Läden rund um die Gedächtniskirche, funkelnd wie ein falscher Brillant in dem dürftigen Dämmerlicht der Stadt; und die selbstbewussten, bürgerlichen Bauten rings um die »Lin- 5 den«. In großmächtigem, internationalem Stil behaupten sie, imitierte Imitationen, die Würde einer Metropole – ein Parlament, ein paar Museen, eine Staatsbank, ein Dom, eine Oper, ein Dutzend Gesandtschaften, ein Triumphbogen: nichts wurde da vergessen. Alle sind sie so prunkvoll, so sehr korrekt – außer dem Dom, 10 in dessen Bauart sich die Spur jener Hysterie verrät, die hinter jeder schwerfällig grauen preußischen Fassade flackert. Steht man zum ersten Mal überwältigt vor diesem geschmacklosen Dom, dann wirkt er erschütternd komisch, dass man nach einem entsprechend albernen Namen sucht. Kirche der unbefleckten 15 Empfängnis.

Aber das wahre Herz von Berlin ist ein kleiner, feuchter, düsterer Wald – der Tiergarten. In dieser Jahreszeit treibt die Kälte die Bauernjungen aus ihren kleinen ungeschützten Dörfern in die Stadt, nach Unterhalt und Arbeit. Aber die Stadt, die am Nachthimmel 20 so hell und einladend über die Ebene erglühte, ist kalt, grausam

143

und tot. Ihre Wärme ist ein Trugbild, eine Fata Morgana, in der Wüste des Winters. Sie will diese Jungen nicht aufnehmen, hat

25 ihnen nichts zu geben. Die Kälte treibt sie von den Straßen ins Gehölz, in ihr grausames Herz. Und da kauern sie nun auf den Bänken, verhungern oder erfrieren und träumen von ihrem unerreichbaren weiten Ofen daheim.

1.3 Paul Citrön: Metropolis

(1923)

1.4 Entwicklung Berlins zur Weltmetropole

1871	König Wilhelm I. wird in Versailles zum Deutschen Kaiser proklamiert. Berlin (823000 Einwohner) wird Hauptstadt des Deutschen Reiches
1879	Auf der Gewerbeausstellung in Moabit führt Werner von Siemens die erste elektrische Eisenbahn der Welt vor.
1891	Erster Telefonbetrieb mit 45 Teilnehmern. In Lichterfelde fährt die erste elektrische Straßenbahn der Welt.
1900	Berlin hat 1,9 Mio Einwohner.
1902	Erste Hoch- und Untergrundbahn von der Warschauer Brücke zum Zoo.
1905	Die ersten städtischen Autobusse verkehren.
1920	Eingemeindung von 8 Städten, 59 Landgemeinden und 27 Gutsbezirken nach Groß-Berlin (3858000 Einwohner).
ab 1923	Berlin entwickelt sich mehr und mehr zum kulturellen, wirtschaftlichen und gesellschaftlichen Zentrum Deutschlands.
1924	Erste Funkausstellung.
1929	Weltwirtschaftskrise: 600000 Arbeitslose in Berlin.
1933	30. Januar: Machtergreifung Hitlers. 27./28. Februar: Reichstagsbrand. 1. April: Erster Boykott jüdischer Geschäfte. 10. Mai: Bücherverbrennung auf dem Opernplatz.

2 Angestellte: Erfahrungen und Träume

»Ich will so ein Glanz werden, der oben
ist. Mit weißem Auto und Badewasser,
das nach Parfüm riecht, und alles wie
Paris.« (S. 26)

2.1 Irmgard Keun: Gilgi – eine von uns [Auszug]

Gilgi sitzt in der Straßenbahn. Eigentlich wollte sie zu Fuß gehen, hat aber keine Zeit mehr dazu. Neben ihr, vor ihr die Reihe der Angestellten. Müde Gesichter, verdrossene Gesichter. Alle sehen einander ähnlich. Gleichheit des Tageslaufs und der Empfindun- 5 gen hat ihnen den Serienstempel aufgedrückt. Jemand zugestiegen – sonst noch jemand ohne Fahrschein? Keiner tut gern, was er tut. Keiner ist gern, was er ist. Kleine Blasse mit den hübschen Beinen, lägst du jetzt nicht lieber im Bett und schliefst dich aus?

Szenenfoto aus Walther Ruttmann: Sinfonie der Großstadt

147

10 Braunes Mädchen mit den Wandervogelschuhen, scheint ein
schöner Tag heute zu werden – würdest du nicht lieber im Stadt-
wald spazieren laufen und die zahmen Rehe mit den Kastanien
füttern, die du im Herbst gesammelt hast?
Sonst noch jemand ohne Fahrschein – sonst noch jemand ohne
15 Fahrschein? Sie fahren ins Geschäft. Tag für Tag ins Geschäft.
Ein Tag gleicht dem andern. Klingelingling – man steigt aus, man
steigt ein. Man fährt. Fährt und fährt. Achtstundentag, Schreibmaschine, Stenogrammblock, Gehaltskürzung, Ultimo – immer
dasselbe, immer dasselbe. Gestern, heute, morgen – und in zehn
20 Jahren.

(1931)

2.2 Erich Kästner: Chor der Fräuleins

Wir hämmern auf die Schreibmaschinen.
Das ist genau, als spielten wir Klavier.
Wer Geld besitzt, braucht keines zu verdienen.
Wir haben keins. Drum hämmern wir.

Wir winden keine Jungfernkränze mehr.
Wir überwanden sie mit viel Vergnügen.
Zwar gibt es Herrn, die stört das sehr.
Die müssen wir belügen.

Zweimal pro Woche wird die Nacht
mit Liebelei und heißem Mund,
als wär man Mann und Frau, verbracht.
Das ist so schön! und außerdem gesund.

Es wäre nicht besser, wenn es anders wäre.
Uns braucht kein innrer Missionar zu retten!
Wer murmelt düster von verlorner Ehre?
Seid nur so treu wie wir, in euren Betten!

Nur wenn wir Kinder sehn, die lustig spielen
und Bälle fangen mit Geschrei
und weinen, wenn sie auf die Nase fielen –
dann sind wir traurig. Doch das geht vorbei.

(1928)

*»Tick-tick-tick – rrrrrrrr
– bezugnehmend auf Ihr
Schreiben vom 18. des ...«.
Szenenfoto aus Walter
Ruttmanns Film »Berlin.
Die Symphonie einer Groß-
stadt«, 1927*

2.3 Siegfried Kracauer: Der Traum vom Höheren*

Die Masse der Angestellten unterscheidet sich vom Arbeiter-Pro-
letariat darin, dass sie geistig obdachlos ist. Zu den Genossen
kann sie vorläufig nicht hinfinden, und das Haus der bürgerlichen
5 Begriffe und Gefühle, das sie bewohnt hat, ist eingestürzt, weil
ihm durch die wirtschaftliche Entwicklung die Fundamente ent-
zogen worden sind. Sie lebt gegenwärtig ohne eine Lehre, zu der
sie aufblicken, ohne ein Ziel, das sie erfragen könnte. Also lebt
sie in Furcht davor, aufzublicken und sich bis zum Ende durchzu-
10 fragen.
Nichts kennzeichnet so sehr dieses Leben, das nur in einge-
schränktem Sinne Leben heißen darf, als die Art und Weise, in der
ihm das Höhere erscheint. Es ist ihm nicht Gehalt, sondern Glanz.
Es ergibt sich ihm nicht durch Sammlung, sondern in der Zer-
15 streuung.»Warum die Leute so viel in Lokale gehen?«, meint ein
mir bekannter Angestellter.»Doch wohl deshalb, weil es zu Hause
elend ist und sie am Glanz teilhaben wollen.« Unter dem Zuhause
ist übrigens außer der Wohnung auch der Alltag zu verstehen,
den die Inserate der Angestellten-Zeitschriften umreißen. Sie
20 betreffen in ihrer Mehrzahl: Federn; Kohinoor-Bleistifte; Hämor-
rhoiden; Haarausfall; Betten; Kreppsohlen; weiße Zähne; Verjün-
gungsmittel; Verkauf von Kaffee in Bekanntenkreisen; Sprech-
maschinen; Schreibkrampf; Zittern, besonders in Gegenwart
anderer; Qualitätspianos gegen wöchentliche Abzahlung usw.
25 Eine zu Reflexionen neigende Stenotypistin äußert sich ähnlich
zu mir wie jener Angestellte:»Die Mädels kommen meist aus
geringem Milieu und werden vom Glanz angelockt.« Sie begründet dann höchst merkwürdig die Tatsache, dass die Mädels im
Allgemeinen ernste Unterhaltungen meiden.»Ernste Unterhal-
30 tungen«, sagt sie,»zerstreuen nur und lenken von der Umwelt ab,
die man genießen möchte.« Wenn einem ernsten Gespräch zer-
streuende Wirkungen beigemessen werden, ist es mit der Zerstreuung unerbittlicher Ernst. […]
(1929)

3 »Kult der Zerstreuung«

»– und drüben das Romanische Café mit
den längeren Haaren von Männern! Und
da verkehrte ich einmal Abend für Abend
mit einer geistigen Elite, was eine Auswahl ist, was jede gebildete Individualität
aus Kreuzworträtseln weiß.« (S. 61)

3.1 Klaus Mann: Im Fieber einer Großstadt*

Die Schieber tanzen Foxtrott in den Palace-Hotels! Machen wir
doch mit! Schließlich will man auch kein Spielverderber sein: Die
Herren und Damen duften nach »Khasana« (made in Germany:
fast so fein wie Coty!); die Band spielt »Ausgerechnet Bananen«   5
– es sind echte Neger; garantiert dunkelhäutig, keine Falle! Wir
finden Jazz »fantastisch«, »kolossal«; es ist eine Novität, der letzte
Schrei. Hör doch, wie sie schreien: »Eine Miezekatze – hatse – aus
Angora mitgebracht – und die hatse, hatse, hatse – mir gezeigt,
die ganze Nacht ...« Und sonst hatte sie nichts zu tun? Da sind wir   10
doch gewitzter ... Fabelhaft, der synkopierte Rhythmus ... Dieses
Tempo ... Der Herr dort drüben bestellt schon die dritte Flasche
Champagner: muss Valuta haben ... »kommt mit mir nach Brasi-
lien, kommt mit mir in die Pampas ...« Ist das ein Shimmy? Na,
ist ja ganz egal ... »Dort gründen wir Familien – Weil ich mit dir   15
zusamm'pass« ... Der Tanz wird zur Manie, zur idée fixe, zum Kult.
Die Börse hüpft, die Minister wackeln, der Reichstag vollführt Ka-
priolen. Kriegskrüppel und Kriegsgewinnler, Filmstars und Pros-
tituierte, pensionierte Monarchen (mit Fürstenabfindungen) und
pensionierte Studienräte (völlig unabgefunden) – alles wirft die   20
Glieder in grausiger Euphorie.
Die Dichter winden sich in seherischen Konvulsionen: die »Girls«
der neuen Revuetheater schütteln animiert das Hinterteil. Man
tanzt Foxtrott, Shimmy, Tango, den altertümlichen Walzer und
den schicken Veitstanz. Man tanzt Hunger und Hysterie, Angst   25
und Gier, Panik und Entsetzen ...

(1944, dt. 1952)

3.2 Friedrich Hollaender: Gesang der Mädchen im Romanischen Café

Wir sitzen süß und doof ohne Portmoinee
Vor unsern leeren Gläsern im Stammcafé
Mittags von Punkt zwölf Uhr
Bis abends um Punkt zwölf Uhr:
Verkehrsinseln in dem Meere der Literatur.
Schriftsteller rings im Kreise, von Brecht bis Kisch –
Mancher benutzt uns episch am Nebentisch.
Das ist fürs Portmoinee nicht viel wert,
Aber fürs Renommee unerhört:
Endlich wird doch die Nutte einmal verklärt!
Zwei dunkle Augen,
Zwei Eier im Glas

Und ein Tröpfchen
       Herzblut
Mit Rum!
Ein Tässchen Äther,
Ein Band von
       Verlaine –
O lasst uns litera-
       risch sein
Und mit den Dich-
       tern gehn!

(1931)

*Das Romanische Cafe,
Mitte der zwanziger Jahre*

4 Politik: Am Vorabend der Machtergreifung

»Und es summen die Stimmen, und ich
denke, ich muss sagen, dass ich nicht
politisch bin – man muss immer was sein.
Und immer auf die Politik hin.« (S. 90)

4.1 Irmgard Keun: Nach Mitternacht [Auszug]

Am Opernplatz war ein Getummel von Menschen und Haken-
kreuzfahnen und Tannenguirlanden und SS-Leuten. Es herrschte ein Durcheinander von aufgeregten Vorbereitungen wie bei
einer Weihnachtsbescherung wohlhabender Eltern mit mehreren 5
Kindern. Man ist ja gewohnt, dass immer was los ist in Deutschland mit fieberhaften Feiern, darum fragt man oft schon gar nicht
mehr, warum eine Feier nun wieder ist mit Guirlanden und Fah-
nen.
Wir froren auf einmal und hatten es eilig. Aber die SS wollte uns 10
nicht über den Opernplatz zur Bockenheimer Landstraße lassen.
Wir fragten, warum nicht, und was denn los sei? Aber gerade die
SS ist immer frech und tut sich so großartig. Trotzdem sie nichts
anderes zu tun hatten, als dazustehen, diese SS-Leute, hatten sie
keine Zeit, uns zu antworten. Vielleicht arbeiteten sie innerlich so 15
wahnsinnig, dass sie nur mal verächtlich mit ihren militärischen
Schultern zucken konnten.
Gerti bekam gleich kohlschwarze Augen vor Wut. Ich kenne das
an ihr, sie wird dann gefährlich und bringt sich selbst natürlich in
die größte Gefahr. Darum fragte ich den einen SS noch mal so 20
ganz süß wie ein Malzbonbon und voll Demut, als halte ich ihn
für einen höchsten Beherrscher Deutschlands – auf solche Weise
wollen Männer ja von Mädchen behandelt sein.
Da sagte der SS, um acht Uhr komme der Führer durch die Mainzer Landstraße zum Opernhaus gefahren. Um auf die andere 25
Seite zu kommen, müssten wir einen Umweg machen. Natürlich,
der Führer kam! Dass ich das auch vergessen konnte. Wo doch
das Bertchen Silias Reihendurchbrecherin ist, und die Frau Silias
tagelang von nichts anderem redete.

30 Es fing an zu regnen. Auf dem Opernplatz sammelten sich Menschen, immer mehr, immer mehr. Es sah gefährlich aus, als würden sie einander totdrücken. Alle wollten was sehen, manche wussten vielleicht noch nicht mal, was es zu sehen gab, trotzdem riskierten sie glatt ihr Leben.

Vielleicht hat der Führer später gedacht, das Volk sei zusammen-
35 geströmt aus Liebe zu ihm. Aber als Führer wird er zu klug sein, um das zu glauben. Zum Karnevalszug in Köln kommen noch tausendmal mehr Menschen und sitzen auf Laternen und höchsten Dächern und brechen Arme und Beine und alles – es ist ihnen egal. Weil es ihnen nämlich nur ein Sport ist und Stolz: einen
40 Platz zu haben, von dem aus sie was sehen konnten, und um glauben und sagen zu können, sie seien dabeigewesen. Feine Leute wollen ja auch immer bei was Feinem dabeigewesen sein – so bei Presseballen und neuen Theaterstücken. Aber weil sie dafür viel Geld zahlen müssen, ist das Gedränge da meistens nicht so
45 gefährlich wie bei den furchtbar vielen Volksmassen, die ja kein Geld haben und immer nur hinkönnen, wo es nichts kostet.

Wir kamen zur Mainzer Landstraße, die war von oben bis unten eine dienstliche Kette von SA-Leuten, die an solchen wichtigen Tagen immer dicker aussehen als sonst. Meistens haben sie ja nichts
50 Vernünftiges mehr zu tun und laufen etwas eingeschrumpft herum. Auch Kurt Pielmann und Herr Kulmbach leiden darunter, dass nun keine richtige Kampfzeit mehr sei. Aber heute durften sie eine wichtige Absperrungskette bilden, das gab ihnen neues Leben.

Gerti und ich wollten durch die Kette, andere Leute auch. Aber
55 nur selten, von Zeit zu Zeit, durfte die Kette geöffnet werden wie eine Bahnschranke.

Es schimpfte ein dünner grauer Mann mit einem Fahrrad, dass man ihn nicht durchlasse. Denn er hatte eine neue Stelle endlich und musste pünktlich sein. Durch Unpünktlichkeit konnte er
60 Ärger und Schaden verursachen. Und wenn seine Arbeitgeber auch einsehen würden, dass er nichts für die Verspätung konnte, so würden sie doch vielleicht böse sein mit ihm. Denn es ist ja fast immer so im Leben: Wenn man einem Menschen Beschwerlichkeiten machte, bleibt was Dunkles und Fieses an einem kleben,
65 ganz egal, ob man Schuld hatte oder nicht. »Sein Sie vernünftig, Mann«, sagte ein höherer SA-Mann zu dem dünnen Grauen und

trank Kaffee aus seiner Feldflasche. »Meckern Sie nicht, sein Sie
dem Führer dankbar, der so große Ideale hat.« »Ja, der Führer hat
die Ideale, und wir haben 's Nachsehen.« Die Stimme des grauen   70
Mannes zitterte, man merkte, dass er mit den Nerven runter war.
Die Leute, die ihn gehört hatten, wurden stumm vor Schreck, der
SA-Mann wurde rot und konnte nicht atmen. Der graue Mann sah
wie mit einem Schlage ausgelöscht und in sich zerbrochen aus.
Drei SA-Männer führten ihn fort, er wehrte sich nicht.   75
Das Fahrrad war auf den Boden gefallen, die Leute standen im
Kreis drum herum und guckten es stumm und aufgeregt an, es
glimmerte matt im Regen und sah staatsfeindlich aus, keiner
wagte es anzufassen. Nur eine dicke Dame machte ein wildes Gesicht, warf ihren Arm straff in die Luft zum Heilgruß, rief »Pfui«,   80
und trat mit dem Fuß gegen das Rad. Da traten noch mehr Frauen
dagegen. Dann öffnete sich die Kette, wir konnten durch.
(1937)

4.2 Die Not der Erwerbslosen

Ein Bericht aus der KPD-Zeitung »Die Rote Fahne« aus dem Jahr 1932

Wiederum hat die Erwerbslosennot ein furchtbares Opfer gefor-
dert. Im Hause Bergstraße 8, Quergebäude, 2 Treppen, hat in der
Nacht vom Donnerstag zum Freitag die 33-jährige Wohlfahrts-   5
empfängerin Klara Engwicht ihre drei Kinder im Alter von zwei,
fünf und sechs Jahren getötet und dann sich selbst erhängt. Vor
8 Jahren war sie nach Berlin gekommen und hatte bei ihrer ersten
Schwangerschaft ihre Arbeit verloren.
Die Wohnung der Frau Engwicht ist die typische Proletarier-   10
unterkunft des Berliner Nordens, bestehend aus einer Stube und
Küche. An der Tür vier Klingeln zu den verschiedenen Parteien,
die hier auf dem gleichen Korridor hausen müssen. In allen Woh-
nungen das gleiche Bild: die Betten und Möbel gedrängt und
kaum ein wenig Platz, sich zu rühren.   15
In der einfenstrigen Dachkammer der Frau Engwicht stehen zwei
Betten, die sie sich mit ihren drei Kindern teilen musste, ein
Schrank, ein Tisch, ein paar Stühle und sonstige kleine Möbelstü-
cke. An der einen Seite stößt man mit dem Kopf gegen die schrä-

20 ge Dachwand. Die Wohnung ist aufs peinlichste sauber gehalten. Den Nachbarn fiel am Freitag auf, dass sich in der Wohnung der Frau Engwicht nichts regte. Ein Nachbar stieg darauf übers Dach, da man die Tür nicht öffnen konnte, und vom Fenster aus bot sich ihm ein entsetzlicher Anblick. An den vier Bettpfosten hingen die

25 Frau und die drei Kinder. Die alarmierte Mordkommission stellte bei allen vieren den Tod fest. Die Frau hatte zuerst ihre Kinder getötet und erhängt und dann ihrem Leben selbst ein Ende gemacht. Das Abendbrot, bestehend aus Milchkartoffeln, stand unberührt auf dem Ofen.

30 In fast allen Berliner Zeitungen wird die Sache nun so dargestellt, als habe die Frau die Tat in geistiger Umnachtung begangen. Sie sei vom Wohlfahrtsamt gut versorgt worden, lügt der ›Vorwärt‹. Alle Nachbarn, die wir über den Fall befragten, bekunden einstimmig das Gegenteil. Die Nachbarn sind empört über diese Schreib-

35 weise der ›Morgenpost‹ und der übrigen bürgerlichen Blätter. Nach kurzem Wortwechsel mit den Nachbarn aber schon erfährt man den eigentlichen Grund zur Tat. Die Frau befand sich im höchsten Stadium einer neuen Schwangerschaft. Sie erhielt für sich und ihre drei Kinder 79 Mark Unterstützung im Monat. Seit

40 Monaten lebte die ganze Familie von Margarinestullen und Milchkartoffeln mit Backobst. Ein Viertelpfund Fleisch oder Wurst war eine Delikatesse, die nur mehrwöchentlich einmal auf den Tisch kam. Hierzu kommt, die Frau war seit drei Monaten die Miete schuldig und sollte exmittiert werden.

45 Am 30. März, Ostermittwoch, stand die Räumungsklage gegen sie zum Termin. Schon vor vierzehn Tagen äußerste Frau Engwicht einer Bekannten gegenüber, dass sie ihrem Leben durch Gas ein Ende machen wollte. Man könne sie doch nicht einfach mit ihren Kindern auf die Straße setzen, das ginge doch nicht. Überall aber

50 musste sie erfahren, dass nach zwei Monaten Nichtzahlung der Miete rücksichtslose Räumung erfolgt. Die Schuld an ihrem und der Kinder Tod kommt auf das Konto derer, die an den bestehenden Verhältnissen schuld sind. Die Frau war durch die Verhältnisse das Leben schon genommen, bevor

55 sie selber es sich und ihren Kindern nahm.

4.3 »Wohlfahrtserwerbslose«

Im Jahre 1931 wurden, nachdem schon vorher Kürzungen statt-
gefunden hatten, nochmals etappenweise fünf weitere Kürzungen
vorgenommen. Das war im Februar und Mai 1931, im August, im
Oktober und Dezember 1931. Und abermals erfolgte im Rahmen   5
des »Sparprogramms« am 1. Februar 1932 eine Senkung.
Die nachfolgende Übersicht bringt klar zum Ausdruck, wie viel
den Wohlfahrtsempfängern schrittweise, Stück um Stück, genommen wurde seit Februar 1931 bis zu den neuen Richtsätzen
für April 1932.   10

Das bekamen die Erwachsenen früher
Gehobene Fürsorge

Das sollen sie ab 1. April bekommen

	Februar 1931 Mark		April 1932 Mark
Einzelperson	52,00	Einzelperson	40,00
Ehepaare	78,00	Ehepaare	57,50
für das Kind unter 16 Jahren	18,00	für das Kind unter 16 Jahren	12,00 bis 14,00

Allgemeine Fürsorge

	Februar 1931 Mark		April 1932 Mark
Einzelperson	41,00	Einzelperson	35,00
Ehepaare	61,50	Ehepaare	52,50
für das Kind unter 16 Jahren	18,00	für das Kind unter 16 Jahren	12,00 bis 14,00

Aus diesen trockenen Zahlen spricht anklagend das ganze unge-
heure Elend der von den Kürzungen betroffenen Wohlfahrtser-
werbslosen. Sie haben nicht genügend Nahrung, noch Kleidung.
Täglich kommt es in Berlin zu Verzweiflungstaten Hungernder.
Tausende Familien wurden auf die Straße gesetzt, weil sie die   15
Miete nicht mehr bezahlen können und das Wohlfahrtsamt es ab-

lehnte, die Kosten zu übernehmen. Durch Entbehrung geschwächt fallen Tausende von Erwerbslosen Krankheiten zum Opfer, die sie nicht heilen können, weil die Unterstützung nicht reicht. Rund
20 330 Menschen sterben monatlich in Berlin an Schwindsucht. Im Norden Berlins tötete die Wohlfahrtsempfängerin Engwicht aus Verzweiflung sich und ihre drei Kinder. In Neukölln nahm die Erwerbslose Pausewein, die ihre Unterstützung verloren hatte, den Gasschlauch in den Mund. Im letzten Jahre haben etwa 2000
25 Erwerbslose und Notleidende in Berlin ihrem Elendsdasein durch Selbstmord ein Ende gemacht.

Arbeitssuchender in Deutschland zu Beginn der dreißiger Jahre

5 Schreiben wie Film?

»… ich will schreiben wie Film, denn so ist
mein Leben …« (S. 4)

5.1 Christopher Isherwood: »Ich bin eine Kamera …«*

I Berliner Tagebuch
(Herbst 1930)
Unter meinem Fenster die düstere Straße, eine massive Pracht.
Kellerläden, in denen tagsüber Licht brennt, im Schatten gewal- 5
tiger, balkongeschmückter Fassaden, schmutziger Stuckfronten
mit hervorquellenden Schnörkeln und heraldischen Symbolen.
Das ganze Viertel ist so: straßauf, straßab Reihen von Häusern,
gleich schäbigen Riesengeldschränken, die vollgestopft sind mit
den verblichenen Kostbarkeiten und mit den zweitklassigen Mö-
beln einer bankrotten Mittelschicht. 10
Ich bin eine Kamera mit offenem Verschluss, nehme nur auf,
registriere nur, denke nichts. Registriere den Mann, der sich am
Fenster drüben rasiert, und die Frau im Kimono, die ihr Haar
wäscht. Eines Tages werde ich alle diese Bilder entwickelt, sorg-
fältig kopiert und fixiert haben. 15
Um acht Uhr abends werden die Haustüren zugemacht. Die Kinder bekommen ihr Abendbrot. Die Geschäfte sind geschlossen.
Über der Nachtglocke des kleinen Hotels an der Ecke, wo man
Zimmer stundenweise mieten kann, wird das Leuchtschild einge-
schaltet. Und bald hebt das Pfeifen an. Junge Männer rufen ihre 20
Mädchen. Sie stehen unten in der Kälte und pfeifen hinauf zu den
hellen Fenstern warmer Zimmer, in denen die Betten für die Nacht
schon gerichtet sind. Sie möchten eingelassen werden. Ihre Pfiffe
hallen wider im dunklen Schacht der Straße, lüstern, einsam und
traurig. Des Pfeifens wegen bin ich abends nicht gerne zu Hause. 25
Es erinnert mich daran, dass ich allein, in einer fremden Stadt bin,
weit weg von daheim.

5.2 Walther Ruttmann: Die Sinfonie der Großstadt

Ein Werk wurde geschaffen, das mit allem bricht, was der Film
bisher gezeigt. Es spielen keine Schauspieler und doch handeln
Hunderttausende. Es gibt keine Spielhandlung und es erschließen
5   sich doch ungezählte Dramen des Lebens. Es gibt keine Kulissen
und keine Ausstattung und man schaut doch in der wilden Flucht
des hundertpferdigen Panoramas die unzähligen Gesichte der
Millionenstadt. Paläste, Häuserschluchten, rasende Eisenbahnen,
donnernde Maschinen, das Flammenmeer der Großstadtnächte
10 –. Schulkinder, Arbeitermassen, brausender Verkehr, Naturse-
ligkeiten, Großstadtsumpf, das Luxushotel und die Branntwein-
destille ...
Der mächtige Rhythmus der Arbeit, der rauschende Hymnus des
Vergnügens, der Verzweiflungsschrei des Elends und das Don-
15 nern der steinernen Straßen – alles wurde vereinigt zur Sinfonie
der Großstadt.

Oben der Text eines Filmplakats aus dem Jahr 1927, unten ein Szenenfoto.
Ruttmanns Film zeigt einen Tag aus dem Leben (in) der Großstadt Berlin.

6 Zeitgenössische Rezeption

6.1 Aus einem Brief Irmgard Keuns vom 15.12.1933 an Arnold Strauss

Meine Situation ist noch trostloser geworden, als sie es ohnehin schon war. Ich wartete doch so sehr auf das Geld, das mir für bereits gelieferte und angenommene Beiträge zustand. [...] Jetzt 5
kriege ich von Ullstein und anderen Verlagen Briefe, dass sie mich nicht drucken dürften, weil ich nicht zum Reichsverband[1] gehörte. [...] Ich hatte in letzter Zeit so fleißig kleine Geschichten geschrieben und konnte für Januar/Februar mindestens mit 300 Mark rechnen. Im Dezember hatte ich noch ca. 200 Mark zu er- 10
warten. Ich konnte also so ziemlich beruhigt sein. Nun ist wieder alles anders, und alle Arbeit war umsonst. Manchmal könnt' man verrückt werden. – Dann rief vor ein paar Tagen furchtbar aufgeregt der Verlag an. Ich möchte mich sofort beim Reichsverband melden und ihnen was schicken, weil ich sonst überhaupt nicht 15
mehr schreiben dürfte. So wäre noch eine ganz kleine Chance.

Am 9. Januar 1936 beantragt Irmgard Keun offiziell ihre Aufnahme in die Reichsschrifttumskammer.
Am 1. April 1936 erhält sie den Ablehnungsbescheid mit der Begründung, dass »die aus ihrer Feder stammenden Bücher auf die Liste des schädlichen und unerwünschten Schrifttums gesetzt werden mussten«.

---

1 = Reichsschrifttumkammer, Einzelkammer der sogenannten Reichskulturkammer als der berufsständischen Zusammenfassung der im kulturellen Bereich Tätigen in der Zeit des Nationalsozialismus zwischen 1933 und 1945. Die Reichsschrifttumkammer unterstand Joseph Goebbels und seinem Reichsministerium für Volksaufklärung und Propaganda.
Die Mitgliedschaft in der Reichsschrifttumkammer war Voraussetzung für die Ausübung des Schriftstellerberufes.

6.2 Ein Brief an Irmgard Keun

Am 1. April 1933 schreibt I. Keun dem Schriftsteller und Rechtsanwalt Martin Berardt einen Brief. Siebenundvierzig Jahre später,
am 30. März 1980, antwortet ihr seine Witwe Charlotte Beradt aus
New York:

Liebe Frau Irmgard Keun,
Sie haben am 1. April 1933, dem offiziellen Judenboykott-Tag, an
Martin Beradt geschrieben ... mich macht dieses gottverfluchte
Regime krank ... die Luft ist vergiftet ... man wagt nicht mehr zu
5 atmen, geschweige denn zu denken. – Niemand hat dem bekannten Autor M. B. (schon als Syndikus des Schutzverbandes deutscher Schriftsteller dem literarischen Klüngel bekannt) eine Zeile
der Missbilligung oder Anteilnahme geschrieben als die – ihm offenbar nicht lange und nicht nah bekannte – dreiundzwanzigjäh-
10 rige Irmgard Keun. Beradt hat diesen Brief, unter ausgewählten
Schriftstücken, mit ins Ausland genommen. Er ist seit 30 Jahren
tot, er hatte keine Schultern, sie dem Geschehen entgegenzustel-
len; er hatte nur schwache Nerven und schwache Augen, die hier
nahezu erblindeten.
15 Ich bewahre Ihren Brief immer noch, konnte mich nicht von ihm
trennen [...].
Nun habe ich von Ihnen gehört [...], dann Ihre Adresse erfahren
[...]. Und nun tue ich, was ich lange wollte, Ihnen zu sagen, wie
der Brief durch die langen Jahre hochgehalten worden ist und
20 wie tröstlich er war.
Ich habe mich von Herzen gefreut, dass Ihre Bücher (natürlich habe
ich damals ›Gilgi‹ und ›Das kunstseidene Mädchen‹ verschlungen)
wieder erscheinen, dass Ihr Name wieder lebendig ist.
Sehr viel Gutes und Herzliches,
25 Ihre Charlotte Beradt.

6.3 Friedrich Weissinger: »Ein typisches Abbild unsere Zeit«*

Irmgard Keuns neues Buch gehört, ebenso wie ihr erstes, ›Gilgi,
eine von uns‹, zu jenen literarischen Erzeugnissen, vor denen
die gemeinhin üblichen Kriterien restlos versagen. Die Autorin,
wir betonen das ausdrücklich – ist nicht so sehr Gestalterin als 5
Sprachrohr jener Zeitschicksale, von denen sie zu berichten
weiß, und da sie es mit Klugheit, Güte und einem Humor tut, der
tiefer gegründet ist, hat sie das Echo eines außergewöhnliches
Erfolges. Doris [...] will ein *Glanz* werden, aufsteigen, [...] bis sie
plötzlich so etwas wie Liebe empfindet, ein wirkliches Gefühl, 10
süß und beglückend, aber zu traumhaft unwahrscheinlich, um
von Bestand zu sein. Sie, die aus den Tiefen der Gesellschaft
kommt und einmal in ihr Tagebuch die naiv ergreifenden Sätze
schreibt: ... *immerzu sind in meinem Leben Dinge, die ich nicht
weiß, und immer muss ich tun, als ob, und bin manchmal müde* 15
vor lauter Aufpassen ..., wagt es nicht, den Mann an sich zu fes-
seln, der ›gebildet‹ ist und überhaupt so anders, als sie es bisher
gewohnt war. Denn – *so richtige Gefühle – das sollte man nur
mit seinesgleichen, denn sonst geht es glatt schief.* So, wie das
Buch ausklingt, voll hoffnungsloser Resignation, mit einer müden 20
Verzweiflung, die nicht weiß, wohin und was tun, ist es mehr als
eine Humoreske, ja, mehr als eine Satire, weil es sich weder
banal-erheiternd noch ätzend-gesellschaftskritisch gibt; es ist mit
der Doppelblödigkeit seines Humors ein typisches Abbild unserer
Zeit, weniger dessen, was sie an gewichtiger Problematik enthält, 25
als ihrer kleinsten Nöte, ihrer heimlichen Sehnsüchte, ihres tiefen
Glücksverlangens, das immer unerfüllt zu bleiben verdammt ist.
Und es will mir scheinen, als ob Irmgard Keun auch da, wo sie
Vorbilder hat, dieses Zeithaft-Typische stärker ausgesprochen
hätte, eindringlicher, befreiter von den Schlacken romanhaft-ro- 30
mantischer Zufälle, als etwa Anita Loos' ›Blondinen bevorzugt‹,
so sehr wie der Vergleich sich aufdrängt. Von Plagiat zu sprechen in einer Zeit, die angesichts der Unmöglichkeit, kollektives
Schicksal heute schon endgültig und einmalig zu gestalten, den
Begriff des geistigen Eigentums einer Revision unterziehen und 35
sich vor individualistischer Überspannung nach dieser Richtung
hüten sollte, verbietet sich um so mehr, wenn es sich, wie in die-

sem Fall, nur um geringfügige Anklänge handelt, die die Grund-
konzeption des Buches in keiner Weise berühren. Eine Dichterin,
40 deren Einfühlungskraft so überzeugend ist, dass die Illusion der
Lebensechtheit dieser Aufzeichnungen immer gewahrt bleibt,
kann verlangen, dass die Selbstständigkeit ihrer Leistung auch
von einer unerbittlichen Literaturkritik anerkannt wird.

In: »Literarische Welt« vom 29. 7. 1932

6.4 Meta Scheele: Der Götze Materie*

War schon das erstgenannte Buch eine unerträgliche Mischung
von Sentimentalität und gemeiner Sinnlichkeit, so geht es in diesem Buche noch um einige Stufen tiefer in den Schmutz hinein,
5 wie der konfektionöse Titel schon vermuten lässt. [...] All dies
würde einem nicht so sehr auf die Nerven fallen, wenn nicht dahinter jener verderbliche Zerstörungstrieb stände, der nur Schaden anrichten will. [Keun geht es darum], ›dem Götzen Materie
die unbedingte Herrschaft zu geben, zu zeigen, wie sich alles um
10 die Seidenhemden und den Pelzmantel dreht.

In: »Berliner Börsen-Zeitung« vom 21. 8. 1932

6.5 Elisabeth Fließ: Mädchen auf der Suche [Auszug]

Das Mädchen von heute, nein das gibt es nicht. Wo soll man es
suchen? *Neben* dem lebendigen Leben; am allerersten noch im
Film. Da existiert so etwas wie *der* Typus – der Saison. Er steigt
5 aus dem Flimmerbild herunter und wird Sehnsucht und Vorbild
vieler junger Dinger, die selbst noch nicht genau wissen können,
wer sie eigentlich sind. Je glatter und leuchtender solch ein Film-
gesicht aussieht, desto mehr wird es zum weiblichen Rattenfän-
ger gerade für die, deren Alltag stumpf und trüb und trostlos ist.
10 Scharen von Mädchen, deren Vorbilder teils dem Leben, teils
solchen Vorstellungen entstammen, laufen durch die Bücher, die
heute gelesen werden. Der Schlafwagen, lieber noch der Volant
des Autos, die Aktentasche des Büromädchens, manchmal auch
der Studentin, Fahne und Abzeichen von Partei oder Weltan-

schauung oder, modisch, die Initialen des eigenen Namens aus 15
Blech, sichtbar getragen, Schminkstift und sonstiges Verschöne-
rungsarsenal sind ihre Ausstattung. [...]
Zwei solche Geschöpfe hat Irmgard Keun in ihren Büchern fest-
gehalten. Doris, »das kunstseidene Mädchen«, und »Gilgi oder
eine von uns«. Gilgi hat sogar den umgekehrten Weg aus der 20
Druckerschwärze auf die Leinwand gemacht, wobei ihr Schicksal noch etwas ins Strahlende zurechtgebogen wurde, und das
»kunstseidene Mädchen« läuft tatsächlich durch alle Straßen
– monatelang kann man es in keiner großstädtischen Leihbiblio-
thek bekommen, und wenn es in fünf Exemplaren vorhanden ist. 25
Grund genug, es einmal näher zu betrachten. [...]
Doris schluckt schon reichlich viel Schmutz und erzählt davon mit
den allerderbsten Ausdrücken der Straße. Ihre Empfindungen,
vor allem die des Körpers, weiß sie erstaunlich gut zu beschrei-
ben, zu gut beinah für solch ein naiv-verderbtes, unschuldig-raf- 30
finiertes kleines Wesen. Irgend etwas an ihr stimmt nicht ganz.
Sie kann zuviel Psychologie und ist sprachlich doch zu gelehrig,
um so in der primitiven Roheit von Empfinden und Ausdruck ste-
ckenzubleiben. Ihr Herz, das richtig fühlen kann, wenn es darauf
ankommt, und den Mutterwitz wird sie wirklich von zu Hause 35
mitgebracht haben, auch die Sehnsucht nach oben; die Situatio-
nen, in die sie kommt, sind aus Leben, Film und Schmachtroman
zusammengebraut, und die allzu klugen Sentenzen wird ihr wohl
die begabte geistige Mutter mitgegeben haben, die bei beiden
Töchtern um einer Lebensnähe willen, die Vergänglichkeit ein- 40
schließt, darauf verzichtet hat, sie in den klareren Raum der Kunst
zu stellen, in dem man sie immer wieder finden würde. Hier sind
sie dicht neben uns, eine Stadtbahnfahrt lang, und verlieren sich
dann im Gewühl des Bahnhofs.

*In: Die Frau. Begründet von Helene Lange, hrsg. von Gertrud Bäumer. 40. Jg.,
Heft 3. Dezember 1932: 172–174.*

IV Zur Diskussion

1 Slang der späteren zwanziger Jahre

[...] Das Alles-oder-Beinahe-Nichts ist so schnoddrig erzählt, hält
den Slang der späteren zwanziger Jahre so genau fest bis in die
Sprachverschleifungen hinein, das prahlerische Understatement
der millionenfach enttäuschten Hoffnungen, die den Raster der
kleinbürgerlichen Wertvorstellung nur so oberflächlich kaschie-
ren, dass die Angst durschlägt – vor der Ordnung, vor der Bruta-
lität, vorm Faschismus. Ein unterhaltsames, nur scheinbar naives
Buch, voll von witzigen Seitenhieben. [...]

In: Ingeborg Drewitz: Aroma der zwanziger Jahre. Der Tagesspiegel vom 22. 4. 1979.

2 Filmische Schreibweise

[...] Was macht immer noch, immer wieder die Faszination des
›Kunstseidenen Mädchens‹ aus? Irmgard Keun bedient sich in
diesem Roman der Schreibweise, die das zeitgenössische, städ-
tische Medium par excellence widerspiegelt; einer filmischen
Schreibweise. In hektischen Schnitten wird Berlin um 1930 be-
schrieben, die glänzende, lockende Konsumfassade, das Elend
der von ihr Ausgeschlossenen, die keine andere Sehnsucht
haben, als daran teilzunehmen. [...] In den besten Passagen des
Romans erreicht Irmgard Keun eine visuelle Dichte der Beschreibung, in der sich das Bild der Stadt nicht als Panorama entfaltet,
sondern in fließenden, flirrenden Schüben. [...]

*In: Ursula Krechel: Geistig obdachlos. Wiederzuentdecken: Irmgard Keuns Roman ›Das
kunstseidene Mädchen‹. Frankfurter Allgemeine Zeitung vom 10. 4. 1979.*

3 Der Feh – ein bürgerliches Wappen

[...] Dieser Feh, ein bloßes Ding, ist für sie und ihre Umwelt weit mehr als bloßes Ding: ein bürgerliches Wappen, das die ungewichtige, zudem gewissengeplagte Provinzplebejerin schlicht überfordert. Dies Ding gewinnt beträchtliche Macht über sie. [...] Doris' Pelzkomplex bildet selber einen Komplex von Bedeutungen. Sie bewirken, dass sie fast so sehr von diesem Ding besessen ist, wie sie es besitzt. Er beschreibt einen berechenbaren Geldwert, der wertsteigernd auf den Besitzer zurückstrahlt. [...]

In: Volker Klotz: Ein Kunstseidenes Mädchen und seine seidene Kritik. Irmgard Keuns früherer Roman ist neu erschienen. Frankfurter Rundschau vom 21.7.1979.

4 Ein emanzipatorischer Roman?

[...] Schreibt Irmgard Keun also einen emanzipatorischen oder einen antiemanzipatorischen Roman? Wahrscheinlich liegt es am Begriff selbst, der für das im Buch vermittelte Frauenbild nicht so recht passen will.
Doris als selbstständige junge Frau mit geradezu revolutionären Moralbegriffen hat in ihren geheimsten Wünschen traditionelles Denken verinnerlicht. [...]

In: Volker Sack: Zeitstück und Zeitroman in der Weimarer Republik, Stuttgart: Klett 1985, S. 32

5 Ein Rest des Aufbegehrens und der Utopie

[...] Im Widerspruch zwischen Großstadt und Provinz vollzieht sich das Schicksal der Ich-Erzählerin, ihr Abstieg in die Elendsquartiere und an den Rand der Gesellschaft, wo der Traum vom »Glanz« endgültig zerplatzt und die Flucht in ein zerstreutes und geborgtes Leben im gesellschaftlichen Niemandsland endet. Der lebens- und zeitgeschichtliche Gehalt des Romans ist allerdings mit der Flucht der Doris allein noch nicht erledigt. Vielmehr blitzt im abschüssigen Leben der Ich-Erzählerin, in ihren Erfahrungen, in ihrer Selbstdarstellung auch ein Moment der Einsicht und der

Gegenwehr auf. Denn Doris gehört, trotz allem, zu den am wenigsten verkrümmten Personen im Roman. Sie flieht zwar in die kitschigen und sentimentalen Illusionen, in den Schein und in die Täuschungen der Zerstreuung. Aber gleichzeitig behauptet sich in ihrer Sehnsucht, in ihrem Traum noch am ehesten ein Rest des Aufbegehrens und der Utopie von einem besseren Leben. [...]

Dietrich Steinbach: Weimarer Republik, in Geschichte der dt. Literatur, Stuttgart: Klett 1985, S. 77

6 Irmgard Keun – literarische Provinz?

[...] Die Festlegung auf das humorvolle, kleine ›Mädchen‹, auf die Unterhaltungsschriftstellerin verhinderte lange die Wahrnehmung ihres schriftstellerischen Rangs. Die Unterscheidung von E- und U-Kunst ist außerdeutschen Lesern bekanntlich ohnehin weniger wichtig. [...]
Irmgard Keuns Rezeption erinnert an Marieluise Fleißers Erzählung »Avantgarde«, an deren selbstzerstörerischen Versuch, sich in der literarischen Szene als Frau zu behaupten. Die Avantgarde ist männlich besetzt und dominiert, die Frau hat am Rande zu blei-

Irmgard Keun 1950 in ihrer notdürftig reparierten Wohnung in der Euphener Straße 19

ben, in der Provinz, auch in der literarischen, wo das Vergessen rasch einsetzt. [...]

Hiltrud Häntzschel: Irmgard Keun, Reinbek: Rowohlt 2001, S. 139 f.

V Theater und Film

1 Bühnenbearbeitungen

Das kunstseidene Mädchen. Eine Revue von Charles Lang. 1973 in Bremen aufgeführt.
1985 kam Gottfried Greiffenhagens Bühnenbearbeitung in Bonn zur Aufführung.
1988 wurde die Bühnenfassung von Michaela Hansen und Peter Neinhardt in Hannover und Berlin aufgeführt.

Esther Keil, in der Bühnenfassung von G. Greiffenhagen
Deutsches Theater in Göttingen 1998/99

2 Gottfried Greiffenhagen: Das kunstseidene Mädchen
[Auszug]

1. Szene

Doris: Ich werde ein Glanz. Ich werde ein Glanz.
5 Wollen Sie wissen, was ein Glanz ist? Ein Glanz ist – also es gibt Mädchen, die sind ganz eklig hässlich und können doch ein Glanz werden.
Aber besser ist es schon, wenn man nicht wie ein totes Skelett aussieht.
10 Und ich werde ein Glanz. Weil nämlich ein Glanz sein ist das Großartigste, was gibt. [...]
(zum Publikum) Und dann spreche ich noch fast ohne Dialekt, was viel ausmacht und mir eine Note gibt, besonders da mein Vater und meine Mutter ein Dialekt sprechen, das mir geradezu
15 beschämend ist. Mein Vater ist übrigens arbeitslos, und meine Mutter ist am Theater, was als Garderobenfrau auch unsicher ist durch die Zeit. [...]
Und ich will ein Glanz werden, der oben ist. Das weiß ich seit gestern abend, so um zwölf. Da fühlte ich, dass etwas Großartiges in
20 mir vorging. Ich lag im Bett und schlief schon am ganzen Körper, nur meine Augen waren noch auf – der Mond schien mir ganz weiß auf den Kopf – ich dachte noch, das müsste sich gut machen auf meinem schwarzen Haar, und schade, dass Hubert mich nicht sehen kann, der doch schließlich und endlich der einzige ist, den
25 ich wirklich liebe. Da ging etwas Großartiges in mir vor – wie auch früher manchmal – aber da doch nie so sehr. Ich hatte ein Gefühl, ein Gedicht zu machen, aber dann hätte es sich womöglich reimen müssen und dazu war ich zu müde.
Aber ich erkannte, dass etwas Besonderes in mir ist, was auch
30 Hubert findet. Und habe mir ein dickes schwarzes Heft gekauft. Ich denke, dass es gut ist, wenn ich alles beschreibe, weil ich ein außergewöhnlicher Mensch bin.
Ich denke nicht an Tagebuch, das ist lächerlich für ein Mädchen von 18 und auch sonst auf der Höhe. Aber ich will schreiben wie
35 Film. Denn so ist mein Leben und wird noch mehr so sein.
Ich heiße somit Doris und bin getauft und geboren.

[Strichfassung von Ulrike Czermak. Deutsches Theater Göttingen. Spielzeit 1997/98]

3 Verfilmung

Verfilmung 1959 (Berlin)
mit: Giulietta Masina, Gerd Fröbe, Gustav Knuth und Ingrid van
Bergen
Regie: Julien Duvivier
Drehbuch: R. A. Stemmle, René Barjaval und Julien Duvivier.

Zeittafel

1905   Irmgard Keun geboren am 6. Februar in Berlin als Tochter des Importkaufmanns Ferdinand Keun und seiner Frau Elsa Charlotte in der Meinekestraße 6 (Charlottenburg).

1908   Wohnungswechsel der Familie in die Ludwigkirchstraße 11 a.

1910   Geburt des Bruders Gerd.

1911   Einschulung in die Cecilienschule am Nikolsburger Platz 5.

1912/13   Wohnungswechsel der Familie in die Konstanzer Straße 77 und 1913 in die Konstanzer Straße 57.

1913   Übersiedlung der Familie nach Köln. Besuch des Evangelischen Lyzeums Teschner, einer konfessionellen Privatschule.

1921   Ende der Schulzeit und Eintritt in eine Schauspielschule.

1925   Zweijährige Ausbildung an der Schauspielschule der Vereinigten Stadttheater in Köln.

1927/28   Engagement am Thalia-Theater in Hamburg in Nebenrollen. Arbeit auch als Modell für Reklamefotos.

1928/29   Engagement am Stadttheater Greifswald, hier auch in Hauptrollen, wie der Magda in Gerhart Hauptmanns *Die versunkene Glocke* und der Jokaste in Sophokles *König Ödipus*. Danach Abbruch der Schauspieltätigkeit.

1929   Alfred Döblin ermuntert Irmgard Keun zur eigenen schriftstellerischen Arbeit.

1931   *Gilgi – eine von uns.* Roman

1932   Heirat am 17. Oktober mit dem 23 Jahr älteren Theaterregisseur und Schriftsteller Johannes Tralow, dessen Namen sie annimmt.
Das kunstseidene Mädchen. Roman

1933   Beginn der Freundschaft mit dem jüdischen Arzt Arnold Ferdinand Strauss, dessen Stelle an der Charité nach dem Machtwechsel 1933 gekündigt wird.

1934	Keuns erfolgreiche Romane *Gilgi* und *Das kunstseidene Mädchen* werden von den Nationalsozialisten auf den Index gesetzt. Keine Förderung mehr durch Verlage im Deutschen Reich. Keun wohnt wieder bei den Eltern.
1935	Keun bemüht sich um Aufnahme in die Reichsschrifttumskammer.
1936	Am 4. Mai Emigration nach Belgien, wo sie Joseph Roth trifft, mit dem sie fortan eine Schriftstellerfreundschaft verbindet.
1937	Scheidung am 25. Mai von Johannes Tralow. *Nach Mitternacht.* Roman
1938–1940	Aufenthalte in Belgien, Holland, Frankreich, USA.
1938	*Kind aller Länder.* Roman
1940	Seit 1940 hält sich Keun unter dem Decknamen Charlotte Tralow illegal in Deutschland auf. Die Geheimhaltung ihrer Identität verdankt sie der NS-Falschmeldung von ihrem Selbstmord.
1946	Provisorischer Bezug des zerstörten Elternhauses in Köln. Zusammentreffen mit Alfred Döblin in Baden-Baden.
Seit 1947	Broterwerb mit satirischen Arbeiten für den Hörfunk und Arbeit an Erzählungen und an einem Roman.
1947	*Bilder und Gedichte aus der Emigration*
1950	*Ferdinand, der Mann mit dem freundlichen Herzen.* Roman
1951	3. Juli: Geburt der Tochter Martina. Keun lebt enttäuscht von der Entwicklung der BRD in innerer Emigration. Zunehmende Alkoholprobleme.
1957	*Wenn wir alle gut wären.* Erzählungen
1962	*Blühende Neurosen.* Satire
1966	Zeitweilige Einweisung in die psychiatrische Abteilung des Landeskrankenhauses Bonn.
Seit 1975	Öffentliche Wiederentdeckung und Rehabilitation der Schriftstellerin.
1982	Tod am 5. Mai in Köln.

Inhaltsverzeichnis

I Zugänge **132**
1 Christian Schad: Sonja 132
2 Kurt Tucholsky: Angestellte 133
3 Brief eines Kreisjugendpfarrers 134

II Werk und Autorin **135**
1 Publikationsgeschichte 135
2 Die Romanfiguren Irmgard Keuns 136
2.1 Aus einem Interview 136
2.2 Aus einem Brief an Arnold Strauss 137
3 Der Plagiats-Vorwurf 138
3.1 Robert Neumann: Karriere 138
3.2 Aus einem Brief an Kurt Tucholsky 139
3.3 Tucholskys Antwort 140
3.4 Robert Neumann: Nachwort 1966 141

III Kontexte **142**
1 Die Großstadt Berlin 142
1.1 Erich Kästner: Fabian 142
1.2 Christopher Isherwood: Leb wohl, Berlin.................. 143
1.3 Paul Citrön: Metropolis 145
1.4 Die Entwicklung Berlins zur Weltmetropole 146
2 Angestellte: Erfahrungen und Träume 147
2.1 Irmgard Keun: Gilgi – eine von uns 147
2.2 Erich Kästner: Chor der Fräuleins 149
2.3 Siegfried Krakauer: Der Traum vom Höheren* 150
3 »Kult der Zerstreuung« 151
3.1 Klaus Mann: Im Fieber einer Großstadt* 151
3.2 Friedrich Hollaender:
    Gesang der Mädchen im Romanischen Cafe 152
4 Politik: Am Vorabend der Machtergreifung 153
4.1 Irmgard Keun: Nach Mitternacht 153
4.2 Die Not der Erwerbslosen 155
4.3 »Wohlfahrtserwerbslose« 157
5 Schreiben wie Film? 159
5.1 Christopher Isherwood: »Ich bin eine Kamera ...«* 159

5.2 Walther Ruttmann: Die Sinfonie der Großstadt 160

6 Zeitgenössische Rezeption 161

6.1 Aus einem Brief an Arnold Strauss 161

6.2 Ein Brief an Irmgard Keun 162

6.3 Friedrich Weissinger:
   »Ein typisches Abbild unserer Zeit«* 163

6.4 Meta Scheele: Der Götze Materie*............................ 164

6.5 Elisabeth Fließ: Mädchen auf der Suche 164

IV Zur Diskussion.. **166**

1 Slang der späten zwanziger Jahre.............................. 166

2 Filmische Schreibweise 166

3 Der Feh – ein bürgerliches Wappen 167

4 Ein emanzipatorischer Roman? 167

5 Ein Rest des Aufbegehrens und der Utopie 167

6 Irmgard Keun – literarische Provinz?.......................... 168

V Theater und Film **169**

1 Bühnenbearbeitungen 169

2 Gottfried Greiffenhagen: Das kunstseidene Mädchen ... 170

3 Verfilmung 171

Zeittafel.. **172**

Mit * gekennzeichneten Überschriften stammen von der Redaktion.

Textquellenverzeichnis

S. 133: Tucholsky, Kurt: Angestellte. In: Tucholsky, Kurt: Gesammelte Werke, Band 4. Hg. von Mary Gerold-Tucholsky und Fritz J. Raddatz. Reinbek: Rowohlt 1960: 327. **S. 134:** Brief eines Kreisjugendpfarrers an I. Keun. Zit. nach: Kreis, Gabriele: Irmgard Keun – »Was man glaubt, gibt es«. München: Heyne 1993: 91. **S. 135:** Publikationsgeschichte. In: Kreis, Gabriele: Irmgard Keun – »Was man glaubt, gibt es«. München: Heyne 1993: 77, 245. **S. 136:** Aus einem Interview. In: »Emanzipiert bin ich, seit ich denken kann.« Irmgard Keun im Gespräch mit Christa Macker. Frankfurter Rundschau, 15.05.1982. Zit. nach: Häntzschel, Hiltrud: Irmgard Keun. Reinbek: Rowohlt 2001: 8f. **S. 137:** Aus einem Brief an Arnold Strauss. Zit. nach: Häntzschel, Hiltrud: Irmgard Keun. Reinbek: Rowohlt 2001: 51. **S. 138:** Neumann, Robert: Karriere. Stuttgart: Engelhorns Nachf., 1931. Zit. nach: Neumann, Robert: Karrieren. Hochstaplernovelle. Karriere. Berlin: Aufbau 1968: 161f. **S. 139:** Aus einem Brief an Kurt Tucholsky. In: Nachlass Kurt Tucholsky, Literaturarchiv Marbach. Zit. nach: Häntzschel, Hiltrud: Irmgard Keun. Reinbek: Rowohlt 2001: 41f. **S. 140:** Tucholskys Antwort. Zit. nach: Kreis, Gabriele: Irmgard Keun - »Was man glaubt, gibt es«. München: Heyne 1993: 86ff. **S. 141:** Robert Neumann: Nachwort. In: Neumann, Robert: Karrieren. München: Desch 1966. Zit. nach: Kreis, Gabriele: Irmgard Keun - »Was man glaubt, gibt es«. München: Heyne 1993: 86. **S. 142:** Kästner, Erich: Fabian. Die Geschichte eines Moralisten. Stuttgart: Deutsche Verlagsanstalt 1931. Zit. nach der Ausgabe München: dtv 1997: 12f. **S. 143:** Isherwood, Christopher: Leb wohl, Berlin. Ein Roman in Episoden. Hamburg, Stuttgart, Berlin: Rowohlt 1949. Zit. nach der Ausgabe Ullstein: Berlin 1997: 239f. **S. 146:** Die Entwicklung Berlins zur Weltmetropole. In: ADAC Reiseführer Berlin. ADAC 1999. **S. 147:** Keun, Irmgard: Gilgi, eine von uns. Berlin: Universitas 1931. Zit. nach der Ausgabe München: dtv 1989: 10f. **S. 149:** Kästner, Erich: Chor der Fräuleins. In: Kästner, Erich: Gedichte. Auswahl und Nachwort von Peter Rühmkorf. Frankfurt a.M.: Suhrkamp 1981: 63. **S. 150:** Kracauer, Siegfried: Der Traum vom Höheren* In: Die Angestellten. Aus dem neuesten Deutschland. Frankfurt a.M.: Suhrkamp 1971: 91ff. **S. 151:** Mann, Klaus: Im Fieber der Großstadt*. In: Mann, Klaus: Der Wendepunkt: ein Lebensbericht. [Erstdruck in englischer Sprache: London: 1944] Frankfurt a.M.: Fischer 1952. Zit. nach der Ausgabe München: dtv 1989. **S. 152:** Hollaender, Friedrich: Gesang der Mädchen im Romanischen Cafe. Zit. nach: Scherbera, Jürgen: Damals im Romanischen Café. Leipzig: Edition Leipzig 1990: 61. **S. 153:** Keun, Irmgard: Nach Mitternacht. Amsterdam: Querido 1937. Zit. nach der Ausgabe Düsseldorf: Claassen 1980: 27–31. **S. 155:** Die Not der Erwerbslosen. Zit. nach: Kuczynski, Jürgen: Geschichte des Alltags des deutschen Volkes, Studien 5, 1918–1945. Berlin: Akademie 1983: 142. **S. 157:** »Wohlfahrtserwerbslose«. Zit. nach: Kuczynski, Jürgen: Geschichte des Alltags des deutschen Volkes, Studien 5, 1918–1945. Berlin: Akademie 1983: 141. **S. 159:** »Ich bin eine Kamera …«*. In: Isherwood, Christopher: Leb wohl, Berlin. Ein Roman in Episoden. Hamburg, Stuttgart, Berlin: Rowohlt 1949. Zit. nach der Ausgabe Ullstein: Berlin 1997: 7f. **S. 160:** Ruttmann, Walther: Die Sinfonie der Großstadt. Text des Filmplakats zu Ruttmanns Film. Berlin 1927. **S. 161:** Aus einem Brief an Arnold Strauss. Zit. nach Kreis, Gabriele: Irmgard Keun – »Was man glaubt, gibt es«. München: Heyne 1993: 112. **S. 162:** Ein Brief an Irmgard Keun. Zit. nach Kreis, Gabriele: Irmgard Keun – »Was man glaubt, gibt es«. München: Heyne 1993: 102f. **S. 172:** Irmgard Keun – Leben und Werk. In: Das literarische Berlin im 20. Jahrhundert. Hg. von Silvio Vietta. Stuttgart: Reclam 2001: 111.

Bildquellenverzeichnis

Cover/S. 183: Bayerisches Staatsschauspiel, München; **S. 132:** AKG Berlin/(c) Christian Schad Stiftung Aschaffenburg / VG Bild-Kunst, Bonn 2003; **S. 133:** AKG, Berlin; **S. 136:** Isolde Ohlbaum, München; **S. 137:** Bayerischer Rundfunk, München; **S. 144:** Berlin, Ullstein, 1997, S. 239f.; **S. 145:** The Bridgeman Art Library, London; **S. 147:** AKG, Berlin; **S. 149:** aus: Hiltrud Häntzschel: Irmgard Keun, Rowohlt, Reinbek, 2001, S. 26, © Filmmuseum München; **S. 152:** AKG, Berlin; **S. 158:** Aus: Die Weimarer Republik. Ihre Geschichte in Texten, Bildern und Dokumenten. Hrsg. von F. A. Krummacher und Albert Wucher. München 1965. S. 297; **S. 160:** BPK, Berlin; **S. 168:** Aus: Heike Beutel und Anna Barbara Hagin: Irmgard Keun, Zeitzeugen, Bilder, Dokumente. Köln 1995; **S. 169:** Seiffert, Kaspar, Gleichen-Benniehausen; **S. 171.1–4:** Cinetext, Frankfurt.